FLTRP CHINESE LANGUAGE TRAINING SERIES — EXCEL IN
外研社国际汉语培训教材 ——"卓越汉语

Excel in Chinese
Better Chinese,
Better Business

4

卓越汉语·商务致胜

主　　编：王惠玲　周　红
编　　写：周　红　李劲荣
　　　　　赵　亮　姚宏强
　　　　　杨　烨　吴　琼
英文翻译：胡修浩

外语教学与研究出版社
FOREIGN LANGUAGE TEACHING AND RESEARCH PRESS
北京　BEIJING

图书在版编目（CIP）数据

卓越汉语．商务致胜．4 / 王惠玲，周红主编；周红等编写．—— 北京：外语教学与研究出版社，2012.7
（2024.6 重印）
外研社国际汉语培训教材．"卓越汉语"系列
ISBN 978-7-5135-2223-6

Ⅰ．①卓… Ⅱ．①王… ②周… Ⅲ．①商务－汉语－对外汉语教学－教材 Ⅳ．①H195.4

中国版本图书馆 CIP 数据核字 (2012) 第 157849 号

出 版 人　王　芳
选题策划　李彩霞
责任编辑　李　扬　赵　青
封面设计　姚　军
版式设计　北京锋尚制版有限公司
插图绘制　北京华鸿嘉伟文化传播有限公司
出版发行　外语教学与研究出版社
社　　址　北京市西三环北路 19 号（100089）
网　　址　https://www.fltrp.com
印　　刷　河北虎彩印刷有限公司
开　　本　889×1194　1/16
印　　张　13.5
版　　次　2012 年 8 月第 1 版 2024 年 6 月第 8 次印刷
书　　号　ISBN 978-7-5135-2223-6
定　　价　50.00 元（含 MP3 光盘一张）

如有图书采购需求，图书内容或印刷装订等问题，侵权、盗版书籍等线索，请拨打以下电话或关注官方服务号：
客服电话：400 898 7008
官方服务号：微信搜索并关注公众号"外研社官方服务号"
外研社购书网址：https://fltrp.tmall.com

物料号：222230001

编写
说明

"卓越汉语"系列国际汉语培训教材是外研社针对非学历型学生在培训项目中学习基础汉语及专业汉语的实际需求，专门组织国内外多所高等院校及培训机构的教学专家编写，并全新推出的一整套教学资源解决方案。"卓越汉语·商务致胜"系列作为其中的综合性商务汉语培训教材，由上海财经大学"国际商务汉语教学与资源开发基地（上海）"的一线教师集体编写。该系列教材同时还是上海财经大学"211"三期重点学科建设项目之一。

一、编写缘由

随着世界经济一体化的不断发展，世界各国与中国的经贸交流与合作在更深更广的层面上展开，商务汉语的使用频率日益增多，使用程度日益加深。商务汉语的学习可大大满足各国与中国开展经济交流中产生的实际需求。同时，"商务"的内涵也在不断扩大，除贸易外，还涉及金融、保险、投资、法律等领域。

基于此，上海财经大学在多年商务汉语教学实践基础上，力图打破传统的听、说、读、写分技能训练模式，变为听、说、读、写融为一体的商务汉语技能综合训练模式，也就是打造一套综合性的商务汉语培训教材，旨在有效提高学生在商务活动以及与商务有关的日常生活、社会交往中运用汉语进行交际的能力。

2007年9月，本系列教材的编写工作正式启动。教材由上海财经大学多位商务汉语教学经验丰富的教师参与编写，并在教学中多次试用，历时4年。整套教材由周红老师统稿。

二、适用对象与目标

"卓越汉语·商务致胜"系列教材面向海内外学习者，供进行培训的外国学生及企业界人士学习商务汉语使用。教材共分五册，各册的教学目标与商务汉语考试（BCT）等级标准相吻合，如下所示：

	适用对象	拟用学时 （50分钟/学时）	教学目标	BCT 级别
第1册	有半年（340学时）汉语学习经历者	80	达到在与商务有关的日常生活中能运用汉语进行基本交流的水平。	1级
第2册	有一年（680学时）汉语学习经历者	80	达到在与商务有关的社交中运用汉语进行基本交流的水平。	2级
第3册	有一年半（1020学时）汉语学习经历者	80	达到在商务活动中比较有效地运用汉语进行交流的水平。	3级
第4册	有两年（1360学时）汉语学习经历者	80	达到在商务活动中比较熟练地运用汉语进行交流的水平。	4级
第5册	有两年半（1700学时）汉语学习经历者	80	达到在商务活动中自如、得体地运用汉语进行交流的水平。	5级

三、编写原则

1. 整体性。将听、说、读、写融为一体，在一定量语言输入的基础上使学生能够有效输出，以培养学生的商务汉语交际能力。主要体现在：

（1）每课内容始终围绕一个商务话题展开，提供了较丰富的商务情景，使学生沉浸其中，较好地掌握某一商务话题的表达方式。

（2）在课文选材上，每册各有侧重，而且主、副课文的选取关注口语与书面语的差别。如下所示：

	内容	形式
第1册	迎送、饮食、住宿、购物、办公等。	每篇课文的字数在300字左右。主课文为对话体，副课文为叙述体。会话均为商务情景中的会话，副课文为故事或小常识。
第2册	联系、会见、出行、考察、文化等。	每篇课文的字数在350字左右。主课文为对话体，副课文为叙述体。会话均为商务情景中的会话，副课文为故事，增加对企业的介绍。
第3册	银行、租房与购房、物业管理及服务、市场调查、营销、企业文化等。	每篇课文的字数在450字左右。主课文为对话体，副课文为叙述体。增加访谈类会话，增加对企业文化的介绍。
第4册	招聘与应聘、谈判、电子商务、物流、跨国投资等。	每篇课文的字数在550字左右。主课文为对话体，副课文为叙述体。增加访谈类会话，增加真实案例。
第5册	创业与效益、企业管理、世界贸易组织、倾销与反倾销、知识产权、劳动合同法、经济全球化与本土化、环境保护与经济发展等。	每篇课文的字数在1000字左右。主课文和副课文均为叙述体。内容均为真实案例，尤其是知名企业的经典案例。

（3）综合训练分"听说"与"读写"两大部分，参照了商务汉语考试题型，有助于学生听说读写技能全面、均衡发展，还可提高其商务汉语应试能力。而且，各册技能训练循序渐进，各有侧重。如下所示：

	听力	口语	阅读	写作
第1册	三种题型：选择正确的应答；听简短对话后选择答案；根据听到的内容填空。	三种题型：根据情景补充会话；情景会话，包括角色扮演；讨论。	主要题型有：选词填空；连线搭配合适的词语；选择正确答案；连词成句；阅读与复述。	主要题型有：完成对话；用所给词语完成句子。
第2册	同第1册。	同第1册。	同第1册。	同第1册。
第3册	增加一种题型：听两段短文后选择答案。短文多为对话形式。	三种题型：看图会话；情景模拟；讨论。	主要题型有：选词填空；搭配合适的词语；选择正确答案。	主要题型有：用所给词语完成句子；写作，多为商务信函类，如启事、通知、邀请函、感谢信、介绍信等。
第4册	短文增加访谈形式，并增加叙述体形式的听力材料。	同第3册。	同第3册。	同第3册。商务信函类写作包括还价函、订购函、投诉信、建议信等。
第5册	三种题型：听简短对话或讲话后选择答案；听三段短文后选择答案（短文多为访谈或叙述体形式）；根据听到的内容填空。	两种题型：情景会话，多为问题解决型会话；讨论。	主要题型有：选词填空；搭配合适的词语；选择正确答案；完形填空。	主要题型有：用所给词语完成句子；写作，多为有关商务话题的议论文写作。

2. 丰富性。本系列教材参照《商务汉语考试大纲》的商务汉语交际功能项目，主要包括四个方面的内容：与商务有关的日常生活、社交与文化、广义商务活动以及宏观经济背景，所涵盖的商务话题丰富系统。列表如下：

	商务话题	商务情景	主课文	副课文
第1册	迎送	迎接	欢迎来上海	接人趣闻
		送别	一路平安	您一路走好
	住宿	订房间	您要单人间还是双人间？	新型旅馆
		客房服务	商务中心真方便	宾至如归

（续表）

	商务话题	商务情景	主课文	副课文
第1册	宴请	宴请客人	欢迎各位的到来	接到家宴邀请之后
		餐桌礼仪	接风洗尘	学会使用筷子
	购物	购物问价	这件衣服很适合您	物美价廉的"商店"
		售后服务	主板摔坏了	保修期已经过了
	日常办公	办公室交流	请您签字	在办公室接电话
		新员工及公司介绍	欢迎新员工	上班第一天
第2册	商务联络	客户联络	订购真丝面料	与客户沟通的三种方法
		会议通知	请您参加产品推介会	你知道"电话会议"吗?
	会见	拜访	拜访总裁	初次拜访客户
		送别宴会	送别宴会	一次精心准备的晚宴
	出行	联系旅行社	就"云南七日游"吧	还是自助游好
		订票	有下午的航班吗?	电子机票
	考察	参观企业	贵公司规模不小吧?	细致的海尔人
		参加展览会	这次展销会收获很大	自办展销会
	商业习俗	商店起名	给商店起个好名字	好店名，好生意
		商店开张	恭喜发财	小店开张
第3册	银行业务	开户汇款	开户汇款	信用卡理财选择多
		办理贷款	按揭买房	贷款买车好处多
	房产与物业	租房购房	租金可以再便宜一点儿吗?	终于有了自己的房子
		物业管理	召开业主大会	拾金不昧的管理员
	市场调查	了解行情	搞一些促销活动吧	市场研究员的一天
		参加交易会	参加服装交易会	感受广交会
	广告策略	广告策划	广告策划得怎么样了?	广告有真有假
		商机无限	无限商机尽在互联网	节日新商机
	市场营销	经营理念	"顾问式"销售理念	TCL的"鹰文化"
		企业形象	海尔服务美名传	海尔员工不肯迟到一秒
第4册	招聘与应聘	招聘	招聘秘书	招聘行政人员的经验
		应聘	销售员面试	应聘成功的法宝
	商务谈判	商谈价格	这个报价高了点儿	合理报价
		谈判技巧	独家代理	没有回报，决不让步
	电子商务	网上交易	网上开店	网购高手孙雯雯
		电子贸易	中国的电子商务	未来的电子商务
	物流管理	商品仓储	高位库存	小技巧可以解决大问题
		商品运输	我建议您投保一切险	沃尔玛降低运输成本的学问

（续表）

	商务话题	商务情景	主课文	副课文
第4册	国际投资	跨国公司业务发展	跨国公司如何保持竞争优势	跨国公司的文化融合
		跨国公司在中国	跨国公司在中国	肯德基在中国
第5册	创业与效益	如何创业	卖菜也要创品牌	王嘉廉的传奇故事
		提高效益	成功的华为模式	格兰仕的生存之道
	企业管理	产品创新	娃哈哈的奇迹	海尔的"拜用户主义"
		员工培训	东京迪斯尼乐园的员工培训	销售人员的培训
	国际贸易	世界贸易组织与中国	普通人的入世盛宴	汽车扩大了生活半径
		贸易壁垒	促进中国制鞋业成长	绿色贸易壁垒
	经济法规	知识产权	《读者》改名风波	卡拉OK版权费公示后的反应
		合同法	签订劳动合同要慎重	飞行员解除劳动合同
	环保与经济发展	经济全球化与本土化	雀巢咖啡巧妙进入中国市场	西门子的本土化
		环境保护与经济发展	经济型汽车的明天	让环保成为一种时尚

3. 案例式。突破传统的商务汉语教学模式，借鉴针对专门用途的语言教学中颇受欢迎的案例教学模式。主要体现在：

（1）主、副课文均采用有情节的案例事件，导入相关商务知识。案例分为模拟真实商务事件的案例和白描真实商务事件的案例两类。

（2）每课内容的设置围绕案例教学法的教学环节展开。"课前预习"是对商务内容的准备；"生词"、"语言点"和"即学即用"是对语言知识的准备；"综合训练"的听说部分是在扩展性语言输入基础上对商务话题展开分析、讨论与模拟，读写部分是对相关商务话题语言点的进一步复习与巩固；副课文是在学生自学基础上展开相关讨论，使学生通过商务汉语案例学习提高自学能力。

4. 实用性。课文选材、综合练习等内容结合实际商务活动，通过案例学习，使学生能够模拟商务情景，提高实际应用能力。具体体现在：

（1）商务话题参照《商务汉语考试大纲》商务汉语交际功能项目，具有较强的适用性。

（2）课文取材于网络，注重商务情景的真实性与典型性，并根据教学要求进行了较大程度的改编。

（3）主、副课文商务话题相关，又有一定扩展性，两者相辅相成。主课文的课堂重点是学习与讨论，副课文以学生自学与教师点拨为主。

（4）综合练习借鉴商务汉语考试题型，围绕相关商务话题展开听、说、读、写训练，并在一定程度上扩展商务情景，使学生能够沉浸于相关商务话题的学习中。

四、编写体例

本系列教材每册5个单元，每个单元2课。每课分主课文和副课文两大板块。主课文板块大致由课文、课前预习、生词、注释、语言点、即学即用、综合练习等部分构成。副课文板块由课文、生词与课后练习三部分构成。副课文与主课文在内容上属于同一商务话题，具有扩大词汇量和提高快速阅读能力的作用。一般来说，主课文要求精讲精练，副课文要求教师引导与学生自学相结合。

功能模块	序号	具体板块	板块说明
商务话题模块	1	导读	针对相关商务话题，引导学生预习课文和自学。
	2	核心句	主课文中体现一定商务功能的句子，便于学生掌握常用的商务用语。
主课文与主课文预习模块	3	主课文	注重可读性、趣味性、实用性与时效性。
	4	课前预习	针对主课文的阅读理解题，供学生预习课文时使用。
	5	生词	汉字提供简繁双体，加注拼音、词性和英文释义。
	6	注释	用以介绍课文中的商务背景知识。
语言模块	7	语言点	选取课文中的重要词语或句子，着重讲解其用法。
	8	即学即用	针对语言点部分的即时操练。
技能训练模块	9	综合练习	分听说练习和读写练习两大部分。练习设计循序渐进。每道练习题都围绕相关商务话题展开，达到提高学生的商务交际能力的目标。
副课文模块	10	副课文	对相关商务话题的扩展性材料。
	11	生词	汉字提供简繁双体，加注拼音、词性和英文释义。
	12	课后练习	包括词语训练、课文理解、商务话题讨论。

五、使用说明

每课8学时，80学时可完成一册。下面是一课内容的教学安排。

教学环节	学时安排	教学要求
课前布置 课文与语言讲解	2学时	布置学生预习课文与生词，并做课前预习题。 讲解课文与重点词语，扫清语言障碍。
话题讨论	1学时	对导读中的问题进行讨论。
听说练习	2学时	老师指导学生做综合训练听说部分。
读写练习	1学时	课前布置学生做作业，老师在课上检查并讲解。
副课文学习	1学时	学生提前预习，课堂上老师讲解重点词语，检查练习，进行商务话题讨论。

（续表）

教学环节	学时安排	教学要求
巩固与复习	1学时	巩固与复习本课重点词语与常用表达。
总计		8学时

以上学时安排供教师参考，教师也可根据学生的汉语实际水平与本校教学时间酌情处理。此外，我们还为副课文配套编写了一些补充练习，供有余力的老师和学生使用，这些资源可到外研社的www.chineseplus.com网站下载。

本系列教材的编写得到上海财经大学有关领导的大力支持。外语教学与研究出版社的彭冬林和李彩霞两位老师，在教材编写成书的全过程中积极指导并给我们提出了许多有价值的建议，责任编辑李扬、谢丹凌、许杨等为教材的出版付出了辛勤努力，在此谨表示衷心的感谢。我校语言学及应用语言学专业包旭媛、陈夏瑾、霍雨佳、李雪、刘婷、刘晓亮、庞玉丽、孙助文、陶晓亮、吴成杰、许晓寅、赵亚琼12位研究生参与了部分篇目素材的收集工作，在此一并表示感谢。

本系列教材课文内容选自网络稿件。我们根据教学需要对所选材料进行了一些删改。因时间紧迫，部分作者尚未联系上，请作者主动联系我们，我们将按照著作权法有关规定支付稿酬，在此谨对有关媒体及相关撰稿者致谢。

编者
2012年8月

缩略语和说明性略语
Short forms and labels

1	*n.*	noun	名词	míngcí
2	*v.*	verb	动词	dòngcí
3	*adj.*	adjective	形容词	xíngróngcí
4	*mw.*	measure word	量词	liàngcí
5	*pron.*	pronoun	代词	dàicí
6	*adv.*	adverb	副词	fùcí
7	*prep.*	preposition	介词	jiècí
8	*conj.*	conjunction	连词	liáncí
9	*idiom.*	idiomatic expression	成语/习语	chéngyǔ/xíyǔ
10	*NP*	noun phrase	名词短语	míngcí duǎnyǔ
11	*VP*	verb phrase	动词短语	dòngcí duǎnyǔ

目录

目录

第一单元　招聘与应聘
第一课　招聘秘书

核心句 Key sentences

► 请先简要介绍一下你在这方面的经验。

Please first briefly introduce your experience on this aspect.

► 我想做更有挑战性的工作。

I want to take a more challenging job.

► 我认为最重要的是勤奋、积极的工作态度。

I believe what matters most is a diligent and positive attitude.

► 你怎样评价自己以前的工作？

How do you evaluate your former job?

► 我希望能得到一份高于初级秘书的薪酬。

I am expecting the pay to be higher than that of a junior secretary.

主课文 Text

招聘秘书

史密斯：李小姐，欢迎你来我们公司应聘。我们招聘的是行政秘书，请先简要介绍一下你在这方面的经验，好吗？

李小姐：好的。我在打字、速记、电脑以及档案管理等方面都接受过专业训练。

史密斯：我知道你曾在贸易公司做过秘书工作，能不能告诉我，为什么要到我们公司应聘？

李小姐：以前我的工作大多是接电话、打印文件等，我想做更有挑战性的工作。

史密斯：你有哪些专业知识？

李小姐：我参加过秘书培训班，学过会计、行政管理、国际贸易、人力资源管理、公共关系、商务写作等课程，成绩优良。现在我正在进修英语。

史密斯：李小姐，你认为一个合格的秘书应该具备哪些素质？

李小姐：要有丰富的专业知识、端庄的举止、应对自如的协调能力。我认为最重要的是勤奋、积极的工作态度。

史密斯：你怎样评价自己以前的工作？

李小姐：我喜欢秘书工作，工作时能够做到热情、耐心、细致、周到。

史密斯：这从你的推荐信里能感受到。那你对薪酬有什么想法？

李小姐：我希望能得到一份高于初级秘书的薪酬。如果需要在试用期满后根据我的工作表现再定薪酬，我也同意。

史密斯：我们会考虑的。李小姐，感谢你来面试。是否录用，公司会在一周内通知你。

李小姐：谢谢。

课前预习 Preview

根据课文内容判断正误。True or false

1. 史密斯知道李小姐曾在贸易公司做过秘书工作。 （ ）
2. 李小姐之所以应聘是因为她想做更有挑战性的工作。 （ ）
3. 李小姐认为合格的秘书最重要的是有勤奋、积极的工作态度。 （ ）
4. 史密斯评价李小姐工作时能做到热情、耐心、细致、周到。 （ ）
5. 李小姐对薪酬没有什么特别的要求。 （ ）

生 词 New words

序号	简体	繁体	拼音	词性	英文释义
1.	应聘	應聘	yìngpìn	v.	apply for an advertised post
2.	行政	行政	xíngzhèng	n.	administration
3.	简要	簡要	jiǎnyào	adj.	brief
4.	经验	經驗	jīngyàn	n.	experience
5.	打字	打字	dǎzì	v.	typewrite
6.	速记	速記	sùjì	v.	write down in shorthand
7.	档案	檔案	dàng'àn	n.	files
8.	接受	接受	jiēshòu	v.	accept
9.	训练	訓練	xùnliàn	v.	train
10.	挑战	挑戰	tiǎozhàn	v.	challenge
11.	会计	會計	kuàijì	n.	accounting; accountant
12.	国际贸易	國際貿易	guójì màoyì	NP	international trade
13.	人力资源	人力資源	rénlì zīyuán	NP	human resources
14.	公共关系	公共關係	gōnggòng guānxi	NP	public relations
15.	进修	進修	jìnxiū	v.	engage in advanced studies
16.	具备	具備	jùbèi	v.	possess
17.	端庄	端莊	duānzhuāng	adj.	dignified
18.	举止	舉止	jǔzhǐ	n.	manner
19.	自如	自如	zìrú	adj.	with ease

序号	简体	繁体	拼音	词性	英文释义
20.	协调	協調	xiétiáo	*v.*	coordinate
21.	勤奋	勤奮	qínfèn	*adj.*	diligent
22.	评价	評價	píngjià	*v.*	evaluate
23.	推荐信	推薦信	tuījiànxìn	*NP*	recommendation letter
24.	薪酬	薪酬	xīnchóu	*n.*	emolument
25.	试用期	試用期	shìyòngqī	*n.*	probation period
26.	面试	面試	miànshì	*v.*	interview
27.	录用	錄用	lùyòng	*v.*	employ

语言点　**Language points**

1 在……方面

原文： 请先简要介绍一下你在这方面的经验。

用法： 表示就构成事物整体关系的某一部分来说。

（1）在市场销售方面，他最有发言权。

（2）在组织能力方面，我远不如你。

（3）在质量方面，该产品从来没有出过任何问题。

2 以及

原文： 我在打字、速记、电脑以及档案管理等方面都接受过专业训练。

用法： 连词。连接有并列关系的词、词组或分句。连接的成分或有轻重之分（前重后轻），或有先后之别。多用于书面语。

（1）同事、朋友以及一些不认识的人，都向她伸出了援手。

（2）问题是怎样产生的以及最后该如何解决，都需要我们认真研究。

（3）员工的衣食住行以及其他生活问题，公司应该多关心。

3 动词+性

原文： 我想做更有挑战性的工作。

用法： "动词+性"构成抽象名词，表示事物的某种性能或性质。

（1）令人高兴的是谈判取得了突破性的进展。

（2）创新能力往往有赖于发散性思维习惯的培养。

（3）公司今年要加强资金预算管理，强化计划性。

4 形容词+于

原文：我希望能得到一份高于初级秘书的薪酬。

用法："形容词+于"表示比较，意思是"比……更+形容词"。常用的形容词有"高"、"低"、"多"、"少"、"轻"、"重"、"难"、"优"等。

（1）该航空公司招聘空姐要求应聘者身高不能低于1.60米。

（2）要想得到批发价的优惠，你的购买数量不能少于12打。

（3）说服对方接受这个条件确实有不少困难，但还不至于难于上青天。

即学即用　Language in use

1 请用"在……方面"完成句子。Complete the sentences with "在……方面".

（1）_____，你们还有许多课程需要学习。

（2）_____，我们还要作进一步的了解。

（3）_____，我想听听各位的意见。

2 请用"以及"完成句子。Complete the sentences with "以及".

（1）出席今天合同签订仪式的有双方公司的董事长、总经理_____。

（2）矛盾是如何产生的_____，都需要调查研究。

（3）产品的目标客户分析、定价计划_____，请于下周一之前整理成文档用电子邮件发给我。

3. 请用"动词+性"改写句子。Rewrite the sentences with "动词+性".

（1）有工作经验的员工往往对新环境适应得比较快。

_____。

（2）据权威专家称，这种病是可以遗传的。

_____。

（3）近年来，中国经济保持着一种不断增长的势头。

_____。

4. 请用"形容词+于"改写句子。Rewrite the sentences with "形容词+于".

（1）该校学习商务汉语的人数已达300人。

_____。

（2）贵公司的最终报价比我们的心理价位高，所以只能以后再合作了。

_____。

（3）网上商店销售价格比较便宜的原因是其成本比店铺销售低。

_____。

综合练习　Integrated exercises

听说练习 Listening and speaking exercises

一、根据听到的句子和它的三个应答，选择最恰当的应答。Choose the most proper responses according to the sentences and the three responses you hear.

1.（　）　　A.　　　　B.　　　　C.
2.（　）　　A.　　　　B.　　　　C.
3.（　）　　A.　　　　B.　　　　C.
4.（　）　　A.　　　　B.　　　　C.
5.（　）　　A.　　　　B.　　　　C.
6.（　）　　A.　　　　B.　　　　C.

二、根据听到的对话，选择最恰当的答案。Choose the most proper answers according to the conversations you hear.

1. 男的想应聘什么工作？　　　　　　　　　　　　　　（　）
　　A．律师　　　　B．秘书　　　　C．会计　　　　D．记者

2. 男的有几年工作经验？　　　　　　　　　　　　　　（　）
　　A．2年　　　　B．9年　　　　C．8年　　　　D．1年

3. 女的做过什么工作？　　　　　　　　　　　　　　　（　）
　　A．护士　　　　B．教师　　　　C．会计　　　　D．秘书

4. 男的为什么认为女的不适合这份工作？　　　　　　　（　）
　　A．性格不合适　　　　　　　B．性别不合要求
　　C．年龄不合适　　　　　　　D．工作经验不足

5. 男的是什么人？　　　　　　　　　　　　　　　　　（　）
　　A．应聘者　　B．公司老总　　C．人力资源部员工　D．人力资源部经理

6. 这次要招聘几个人？ （　　）

    A. 1个　　　　B. 3个　　　　C. 4个　　　　D. 2个

三、根据听到的两段话，选择正确答案。Choose the correct answers according to the two paragraphs you hear.

1~3题

1. 找工作之前应聘者应该最先考虑的是什么？ （　　）

    A. 薪酬水平　　　　　　　　　B. 个人的兴趣爱好

    C. 职业的社会需求　　　　　　D. 熟悉的行业

2. 关于自我分析，下列哪一项没有提到？ （　　）

    A. 工作地点的远近　　　　　　B. 能胜任什么职位

    C. 薪水多少合适　　　　　　　D. 工作环境怎么样

3. 下列哪种说法是错误的？ （　　）

    A. 要选择自己熟悉的行业　　　B. 要把薪酬放在首位考虑

    C. 要选择自己擅长的工作　　　D. 要有自己的行业前景分析

4~6题

4. 关于装饰品的问题，下列哪一项是正确的？ （　　）

    A. 可以戴珠宝　　　　　　　　B. 只戴简单的饰品

    C. 可以戴耳环　　　　　　　　D. 可以戴手镯

5. 关于要注意的问题，下列哪一项不正确？ （　　）

    A. 不戴过多的装饰品　　　　　B. 对方没让自己坐也可以坐下来

    C. 要注意多微笑　　　　　　　D. 要把面试官当作自己的朋友

6. 如何向面试官表示自己的尊重和注意？ （　　）

    A. 多倾听　　　　　　　　　　B. 微笑但不发问

    C. 把面试官当朋友　　　　　　D. 皱眉头或者打哈欠

四、根据听到的内容填空。Listen to the recording and fill in the blanks.

招聘启事

公司名称：天天公司

招聘职位：高级业务　__1__

性别：女

年龄：30岁以下

学历：本科及以上

专业：___2___ 或经济学

其他要求：形象好，语言表达能力和文字功底较强，善于沟通，有 ___3___ 行政
　　　　　工作经验者优先考虑。

试用期：3个月

薪酬：___4___

有意 ___5___ 者请速发个人简历到公司 ___6___ 部王女士处，电子邮件地址是
renshichu@hotmail.com，谢绝来访。

五、看图说话。Picture descriptions

看下面四幅图，说一说李亮的应聘过程。

1　　　　　2

3　　　　　4

六、情景会话。Situational conversations

1. 角色扮演。Role play

角色1：应聘者

角色2：公司面试官

任务

应聘者来应聘这家公司的销售职位，面试官问了他很多问题，他一一回答。最后，面试官告诉他回去等结果。

2. 公司要招聘一名会计，请你组织这个招聘活动。

七、讨论。Discussion

1. 在找工作时，你希望应聘什么职位？请为自己准备一个自我介绍。
2. 如果你是面试官，你会问应聘者哪些问题？

读写练习 Reading and writing exercises

一、选词填空。Fill in the blanks with the most proper words.

评价	简要	具备	挑战
勤奋	接受	应聘	经验

1. 他总是充满信心地迎接各种 _____ 。
2. 这份工作需要 _____ 很丰富的人来做。
3. 他是个很 _____ 的人，每天总是最早上班、最晚离开。
4. 请对这个问题作一个 _____ 的说明。
5. 经理对小李的 _____ 还是相当高的。
6. 得知我们要招聘新员工，这周到我们公司来 _____ 的人很多。
7. 只有 _____ 良好心理素质的人才能胜任这份工作。
8. 你的条件很符合我们的要求，我们决定 _____ 你的工作申请。

二、词语连线。Match the words.

1. 招聘　　　　　　　a. 档案

2. 接受　　　　　　　b. 端庄

3. 管理　　　　　　　c. 员工

4. 通知　　　　　　　d. 能力

5. 具备　　　　　　　e. 开会

6. 举止　　　　　　　f. 挑战

三、选择正确答案。Choose the correct answers.

1. 李小姐 _____ 到公司，对业务流程还不熟悉。　　　　　（　　）

　　A. 仅　　　　　　B. 也　　　　　　C. 刚　　　　　　D. 就

2. 请你 _____ 这份资料复印一份。　　　　　　　　　　　（　　）

　　A. 给　　　　　　B. 把　　　　　　C. 为　　　　　　D. 到

3. 参加这次面试的应聘者 _____ 有3年以上工作经验。　　（　　）

　　A. 几乎　　　　　B. 差不多　　　　C. 总之　　　　　D. 大多

4. 优秀的管理者应 _____ 出色的组织和协调能力。　　　　（　　）

　　A. 具备　　　　　B. 善于　　　　　C. 成为　　　　　D. 达到

5. _____ 公司的决定，他没有任何不同意见。　　　　　　（　　）

　　A. 向　　　　　　B. 为　　　　　　C. 对　　　　　　D. 关于

6. 公司 _____ 市场需求制定价格及销售策略。　　　　　　（　　）

　　A. 根据　　　　　B. 跟从　　　　　C. 使用　　　　　D. 满足

四、用所给词语完成句子。Complete the sentences with the given words.

1. 应聘的时候，应聘者 _____。　　（简要）

2. 张经理认为小李工作认真负责，_____。　　（评价）

3. _____，我们就开除你。　　　　（再）

4. _____，这位就是你们的新经理了。（从）

5. 如果你不喜欢这份工作，_____。（就）

6. _____，我都要认真准备面试。　（是否）

五、写作。Writing

你公司主要生产儿童玩具，现招聘3名销售人员。作为秘书，请你在网上发布一则招聘启事。

招聘启事是用人单位面向社会公开招聘有关人员时使用的一种应用文书。招聘启事撰写的质量，会影响招聘的效果和招聘单位的形象。

招聘启事主要包括标题、正文和落款三部分。

正文主要包括：（1）招聘方的情况（包括招聘方的业务、工作范围以及地理位置等）；（2）对招聘对象的具体要求（包括招募人员的工作性质、业务类型，以及招募人员的年龄、性别、文化程度、工作经历、技术特长、科技成果等）；（3）招募人员受聘后的待遇（月薪或年薪数额、工休情况、是否解决住房、是否安排家属等）；（4）其他情况（包括应聘人员须交验的证件和应办理的手续，以及应聘的手续和应聘的具体时间、联系地点、联系人、电话号码等）。

招聘启事参考例文：

招聘启事

因事业发展需要，《每日商报》现面向社会招聘10名编务，要求如下：

1. 全日制大学本科及以上学历；

2. 熟悉计算机操作及办公软件应用；

3. 熟悉资料信息的综合处理；

4. 年龄在30岁以下。

有意应聘且符合条件者，请将个人简历、能够证明本人胜任岗位的资料、一寸彩照和生活照，发送至newszp@163.com。电子邮件主题请注明应聘职位、可以到岗时间。合则约见。

每日商报社

2012年1月28日

招聘行政人员的经验

我叫彭力，在一家外企公司担任人事经理，曾做过多次行政人员的招聘工作。在面试时，我首先会让应聘者简单介绍一下自己。因为应聘者提供的简历都是精心制作的，所以我要确认一下应聘者所写的简历是否属实。其次是考查应聘者的应对能力。第三是考查应聘者的性格是否合群，人品如何。有礼貌、有耐心、擅长沟通是行政人员必备的素质。另外，还要考查以下两点：

1. 应聘者必须认同公司的理念。

现在，年轻的应聘者都喜欢用自己的方式做事情，往往忽略了主管人员制定的工作程序，这是一个很大的问题。行政部门需要的不是专业技术人员，而是懂得收集信息、分析现状、及时汇报并善于正确处理各类问题的人才。

2. 应聘者要有团队精神。

行政工作靠的是团队。即使工作经验不足，但如果具有团队精神，每个人的潜力也会得到充分的发挥。同事之间越融洽，整体的工作效率就越高。所以，是否具有团队精神，是招聘行政人员的一条重要标准。

生 词　New words

序号	简体	繁体	拼音	词性	英文释义
1.	人事	人事	rénshì	n.	personnel matters
2.	简历	簡歷	jiǎnlì	n.	resume

序号	简体	繁体	拼音	词性	英文释义
3.	制作	製作	zhìzuò	v.	make
4.	属实	屬實	shǔshí	v.	turn out to be true
5.	应对	應對	yìngduì	v.	cope with
6.	能力	能力	nénglì	n.	ability
7.	合群	合群	héqún	adj.	sociable
8.	人品	人品	rénpǐn	n.	moral quality
9.	如何	如何	rúhé	pron.	how
10.	擅长	擅長	shàncháng	v.	be good at
11.	沟通	溝通	gōutōng	v.	communicate
12.	必备	必備	bìbèi	v.	be indispensable
13.	认同	認同	rèntóng	v.	approve
14.	忽略	忽略	hūlüè	v.	neglect
15.	主管	主管	zhǔguǎn	n.	person in charge
16.	程序	程序	chéngxù	n.	procedure
17.	分析	分析	fēnxī	v.	analyze
18.	现状	現狀	xiànzhuàng	n.	status quo
19.	人才	人才	réncái	n.	talent
20.	团队	團隊	tuánduì	n.	team
21.	精神	精神	jīngshén	n.	spirit
22.	潜力	潛力	qiánlì	n.	potential
23.	发挥	發揮	fāhuī	v.	bring into play
24.	融洽	融洽	róngqià	adj.	harmonious
25.	标准	標準	biāozhǔn	n.	standard

练 习 Exercises

一、根据课文内容回答问题。Answer the questions according to the text.

1. "我"在一家外企公司担任什么职位？

2. 在面试时，"我"首先会让应聘者干什么？

3．"我"认为什么是行政人员必备的素质？

4．"我"认为现在的年轻应聘者有什么问题？

5．招聘行政人员很重要的一条标准是什么？

6．"我"一般会考查应聘者哪几方面的情况？

7．"我"认为行政人员和专业技术人员的区别是什么？

二、选择合适的关联词语。Choose proper linking words.

1．我 ＿＿＿＿ 在多家公司做过人事招聘工作。　　　　　　（　　）
　　A．想　　　　　B．总　　　　　C．曾　　　　　D．要

2．＿＿＿＿ 他聪明能干，因此很快就被提升为经理了。　　（　　）
　　A．由于　　　　B．虽然　　　　C．为了　　　　D．所以

3．应聘 ＿＿＿＿ 用人单位和应聘者某一方的选择，＿＿＿＿ 双向选择。（　　）
　　A．不是……而是……　　　　　B．不是……就是……
　　C．不仅……而……　　　　　　D．不止……而……

4．会上各个部门的员工都表示要为了公司的明天 ＿＿＿＿ 努力工作。（　　）
　　A．还　　　　　B．也　　　　　C．或　　　　　D．而

5．大学毕业生 ＿＿＿＿ 没有太多工作经验，只要善于学习、勤奋，也可以在
　　应聘时获得成功。　　　　　　　　　　　　　　　　　（　　）
　　A．即使　　　　B．不但　　　　C．假如　　　　D．不论

三、选词填空。Fill in the blanks with the most proper words.

素质　　　行政　　　介绍　　　提供　　　应对
理念　　　考查　　　忽略　　　团队　　　发挥

1．金融危机的到来让很多公司措手不及，一时难以 ＿＿＿＿＿＿。

2．培养企业接班人要经过长期的 ＿＿＿＿＿＿。

3．只有找到适合自己的工作，才能让自己的能力得到真正的 ＿＿＿＿＿＿。

4．很多应聘者往往 ＿＿＿＿＿＿ 发展前景而只把目光停留在薪酬上，这是一种
　　短视的表现。

5．我希望你能为我们做一个简单的产品 ＿＿＿＿＿＿。

6．只有先进的 ＿＿＿＿＿＿ 才能造就先进的领导核心。

7. 只有为员工 _____ 一个舒适的办公环境，才能使他们安心工作。

8. 我们公司拟招聘 _____ 管理人员若干名。

9. 个人 _____ 的培养也是很重要的。

10. 一个成功的公司背后是一个成功的 _____，而不是成功的个人。

四、讨论。Discussion

1. 几个人为一个小组，进行模拟招聘，每个人作为面试官提一个问题，其他同学作为应聘者依次回答这个问题，并由面试官进行打分。几轮面试之后看哪位同学得分最高。

2. 请为一个自己感兴趣的公司准备一段应聘时的自我介绍。

导读 ▶ Warm-up

▶ 应聘面试时，你如何做自我介绍？
▶ 怎样将自己的优势展现给面试官？
▶ 面试过程中，当你遇到难以回答的问题
  时，你该如何应对？

第一单元　招聘与应聘

第二课　销售员面试

核心句　Key sentences

▶ 首先请你做一下自我介绍。

Please first make an introduction of yourself .

▶ 很感谢贵公司给我这次面试的机会。

Thank you for giving me the opportunity to be interviewed.

▶ 我在个人素质方面还是比较占优势的。

I believe my qualification is one of my advantages.

▶ 我有较强的沟通能力和亲和力。

I have good communication skills and can get along with others well.

▶ 如果被录用，我们会在两周内通知你。

We will notify you in two weeks if you are employed.

销售员面试

应聘者：你好。

面试官：你好，我是这里的销售总监。首先请你做一下自我介绍。

应聘者：我叫刘创，毕业于甘肃工商学院，专业是财务管理，很感谢贵公司给我这次面试的机会。

面试官：你为什么要应聘这一职位呢？

应聘者：我曾经做过销售类的兼职工作，对销售很感兴趣。

面试官：你为什么会放弃原来所学的专业来做销售？

应聘者：做销售可以接触不同类型、不同层次的人，能够锻炼自己。我想做销售也需要很多管理知识。

面试官：应聘者有很多是名校毕业的，你认为你的优势在哪儿？

应聘者：我毕业的大学虽然不是名校，但我认为用人单位看重的是员工素质。我在个人素质方面还是比较占优势的。

面试官：你认为你具备哪些优秀的个人素质？

应聘者：我有较强的沟通能力和亲和力。不过，我对市场形势和购买心理还不够了解，但我想这可以在工作中不断积累经验。

面试官：你可以谈一下今后三五年的职业计划吗？

应聘者：我想在贵公司求得地区销售代表的职位，以后再争取更大的发展。

面试官：你很诚实。今天的面试就到这里吧。你还有什么问题吗？

应聘者：什么时候可以知道面试结果？

面试官：如果被录用，我们会在两周内通知你。

应聘者：好的，谢谢。

课前预习 Preview

根据课文内容选择正确答案。Choose the correct answers according to the text.

1. 面试官是做什么工作的？ （ ）
    A. 财务管理　　　B. 销售总监　　　C. 销售代表　　　D. 人事主管

2. 应聘者为什么选择这一工作？ （ ）
    A. 公司能给他更多发展机会　　　B. 可以做兼职工作
    C. 以前做过，对销售感兴趣　　　D. 和自己所学专业相一致

3. 应聘者觉得用人单位看重的是什么？ （ ）
    A. 员工素质　　　B. 名校毕业　　　C. 专业背景　　　D. 人际关系

4. 应聘者认为他具备哪些销售工作所需要的素质？ （ ）
    A. 经验丰富　　　B. 对市场形势很了解
    C. 有较强的沟通能力和亲和力　　　D. 对购买心理很熟悉

5. 应聘者今后三五年的职业计划是什么？ （ ）
    A. 成为销售总监　　　B. 先做地区销售代表，再求发展
    C. 到公司的其他部门工作　　　D. 到其他公司工作

生词 New words

序号	简体	繁体	拼音	词性	英文释义
1.	销售	銷售	xiāoshòu	*v.*	sell
2.	总监	總監	zǒngjiān	*n.*	chief inspector
3.	财务	財務	cáiwù	*n.*	financial affairs
4.	职位	職位	zhíwèi	*n.*	position
5.	曾经	曾經	céngjīng	*adv.*	once
6.	兼职	兼職	jiānzhí	*v.*	do a part-time job
7.	放弃	放棄	fàngqì	*v.*	give up
8.	接触	接觸	jiēchù	*v.*	get in touch with

序号	简体	繁体	拼音	词性	英文释义
9.	类型	類型	lèixíng	*n.*	category
10.	层次	層次	céngcì	*n.*	level
11.	锻炼	鍛煉	duànliàn	*v.*	exercise
12.	名校	名校	míngxiào	*n.*	elite school
13.	优势	優勢	yōushì	*n.*	superiority
14.	单位	單位	dānwèi	*n.*	unit (as an organization, department, division, section, etc.)
15.	看重	看重	kànzhòng	*v.*	regard as important
16.	员工	員工	yuángōng	*n.*	staff member
17.	素质	素質	sùzhì	*n.*	quality
18.	占	占	zhàn	*v.*	take
19.	形势	形勢	xíngshì	*n.*	situation
20.	积累	積累	jīlěi	*v.*	accumulate
21.	职业	職業	zhíyè	*n.*	occupation
22.	争取	争取	zhēngqǔ	*v.*	strive for
23.	诚实	誠實	chéngshí	*adj.*	honest

语言点　Language points

1 动词+于

原文：我叫刘创，毕业于甘肃工商学院，专业是财务管理，很感谢贵公司给我这次面试的机会。

用法："于"是书面语，引导处所，常用于"动词+于+处所词语"结构中，意思是"在……地方（做）……"。

（1）德国西门子是一家闻名于世的跨国大公司。

（2）茶原产于中国。

（3）中国华为技术有限公司成立于1987年。

2

名词/动词
+类

原文：我曾经做过销售类的兼职工作，对销售很感兴趣。

用法："类"在"名词/动词+类"结构中充当词缀，表示类型。

（1）在去年本市评选的服装类商品中，这个品牌人气第一。

（2）这家公司本次将招聘采购类人员数名。

（3）据网上调查，在中国消费类场所中，冰激凌店人气第一。

3

双音节形容
词/动词+力

原文：我有较强的沟通能力和亲和力。

用法："力"在"双音节形容词/动词+力"结构中充当词缀，表示能力、作用。

（1）"家电下乡"活动对农村消费者具有较大的吸引力。

（2）广大企业要不断提高市场竞争力。

（3）阿迪达斯是较有影响力的服饰品牌。

即学即用　Language in use

1. 请用"动词+于"完成句子。Complete the sentences with "动词+于".

（1）李经理 _____ 澳大利亚的悉尼，毕业于哈佛商学院。

（2）该公司 _____ 1959年，主要经营日用品的生产和直销。

（3）一分钟成像相机1948年 _____ 美国。

2. 请用"动词/名词+类"改写下列句子。Rewrite the sentences with "动词/名词+类".

（1）最近消费者对可乐、果汁等饮品的满意度不断下滑。

_____。

（2）在中国市场上的手机、数码相机、电脑办公用品等产品中，"三星"的人气比较高。

_____。

（3）随着不断的发展，公司对各类管理方面人才的需求越来越高。

_____。

3. 请举出5个"……力"结构的例子。 Give five examples with "……力".

（1）_____ （2）_____ （3）_____ （4）_____ （5）_____

综合练习  Integrated exercises

听说练习 Listening and speaking exercises

一、根据听到的句子和它的三个应答，选择最恰当的应答。Choose the most proper responses according to the sentences and the three responses you hear.

1. （   ）   A.   B.   C.
2. （   ）   A.   B.   C.
3. （   ）   A.   B.   C.
4. （   ）   A.   B.   C.
5. （   ）   A.   B.   C.

二、根据听到的对话，选择最恰当的答案。Choose the most proper answers according to the conversations you hear.

1. 女的可能在哪个部门工作？   （   ）
   A. 人事部   B. 销售部   C. 技术部   D. 财务部

2. 公司招聘什么人？   （   ）
   A. 会计   B. 销售人员   C. 文秘   D. 研发人员

3. 男的和女的最有可能是什么关系？   （   ）
   A. 领导与下属   B. 同事与同事   C. 教师与学生   D. 面试官与应聘者

4. 关于获取人才招聘会信息的方式，下面哪一项没有提到？（   ）
   A. 网络   B. 报纸   C. 电视   D. 电话

5. 男的来做什么？   （   ）
   A. 见朋友   B. 帮王女士   C. 应约来面试   D. 登门拜访

三、根据听到的两段话，选择正确答案。Choose the correct answers according to the two paragraphs you hear.

1~3题

1. 公司需要招聘的是什么岗位？   （   ）
   A. 人事   B. 文秘   C. 销售   D. 经理

2. 应聘者不具备下列哪方面的优势？ （　）

    A. 与外界联系多　　　　　　　B. 规划能力强

    C. 擅长与他人沟通　　　　　　D. 对市场比较熟悉

3. 用人单位通过什么方式告知面试结果？ （　）

    A. 打电话　　　　B. 发电子邮件　　C. 寄信　　　　D. 发MSN消息

4~6题

4. 对应聘者来说，什么是应聘成功的关键？ （　）

    A. 测评　　　　　B. 情景测试　　　C. 简历　　　　D. 面试

5. 下列哪个面试种类在文中没有提到？ （　）

    A. 介绍类面试　　B. 挑战类面试　　C. 印象类面试　　D. 行为类面试

6. 面试中介绍自己时，下列哪种说法不正确？ （　）

    A. 语言要简单，语速要放慢　　B. 职位和工作经历要一一介绍

    C. 必要时需解释一下　　　　　D. 介绍顺序与简历相反

四、根据听到的内容填空。 Listen to the recording and fill in the blanks.

1. 要想 _____ 成功，首先要了解公司的相关信息。

2. 还要了解自身的 _____。

3. 面试官主要考查应聘者是不是适合自己的 _____。

4. 找出自身具备的 _____。

5. 即使未被录用也不 _____。

五、看图说话。 Picture descriptions

看下面四幅图，说一说张华参加招聘会的情况。

1　　　　　　　　　　　　2

3   4

六、情景会话。Situational conversations

1. 地点：电脑技术公司人力资源部

   人物：公司王经理、技术服务部张总监和应聘者李先生

   目的：王经理和张总监进一步了解李先生的专业技术知识、工作经历等，看其是否适合所应聘的技术管理员一职。

   任务：请三位同学分别扮演王经理、张总监和李先生，将整个面试过程表演一下。

2. 地点：外贸公司办公室

   人物：公司总经理、人事主管和应聘者张小姐

   目的：对应聘者进行面试，确定其是否适合所应聘的销售人员一职。

   任务：请三位同学分别扮演公司总经理、人事主管和张小姐，将整个面试过程表演一下。

七、讨论。Discussion

1. 你认为一个人的相貌、衣着、举止言谈等外在因素在面试中起着怎样的作用？

2. 你怎么看待用人单位在聘用新人过程中看重名校毕业生的现象？

读写练习 Reading and writing exercises

一、选词填空。Fill in the blanks with the most proper words.

兼职	放弃	接触	看重	占优势
具备	争取	诚实	积累	亲和力

1. 居委会主任应该多与小区业主 _____ ，听取他们的意见。
2. 即使面试一次又一次失败，我们也不能 _____ 。
3. 在圣诞节期间，各大商场都想 _____ 在销售量上拿第一名。
4. 许多公司常把做过该岗位的 _____ 工作作为选用新进人员的条件之一。
5. 两家公司已经 _____ 了长久合作的基础。
6. 市场上的很多畅销产品往往在质量上 _____ 。
7. 这家银行录用他就是 _____ 他熟练的业务技能。
8. 一名优秀员工能在工作中不断 _____ 经验，勇于创新。
9. 商家需要在老百姓心目中树立 _____ 可信的商业形象。
10. 好领导不但要有较高的管理水平，还应有较强的 _____ 。

二、用下列词语造句。Make sentences with the given words.

1. 毕业于_____。
2. 曾经_____。
3. 放弃_____。
4. 看重_____。
5. 积累_____。

三、选择正确答案。Choose the correct answers.

1. _____ 我们公司收到了参加展览会的邀请，_____ 我们拒绝了。（　　）
   A. 尽管……却……　　　　　B. 虽然……但是……
   C. 即使……也……　　　　　D. 因为……所以……

2. 这家航空公司 _____ 服务质量 _____ 占优势。　　　　（　　）
   A. 在……方面　　B. 在……中　　C. 在……其间　　D. 在……里

3. 飞机起飞晚点了，_____ 整个行程还很顺利。　　　　　（　　）
   A. 却　　　　　B. 总之　　　　C. 反正　　　　D. 不过

4. _____ 报价足够优惠，我们 _____ 会考虑签约。　　　（　　）

　　A. 即使……也……　　　　　　B. 如果……就……

　　C. 就算……也……　　　　　　D. 假如……那么……

5. 总经理 _____ 去上海考察 _____ 。　　　　　　　（　　）

　　A. 让……有兴趣　　　　　　　B. 对……产生印象

　　C. 对……感兴趣　　　　　　　D. 让……有印象

四、用所给词语完成句子。Complete the sentences with the given words.

1. 这次出国考察的机会很难得，_____ 。　　（放弃）

2. 用人单位选择人才时应 _____ 。　　（看重）

3. 这家公司在市场竞争中获胜，主要是 _____ 。　　（占优势）

4. 销售员应 _____ 。　　（具备）

5. 他 _____ 。　　（曾经）

6. 这次展销会，我们公司 _____ 。　　（争取）

7. 他在工作中善于 _____ ，经常得到领导的夸奖。　　（积累）

五、写作。Writing

请你根据下面的招聘启事写一封求职信。

兴业银行昆明分行招聘启事

兴业银行昆明分行成立于2005年12月26日，是兴业银行的一级分行。开业六年多来，兴业银行昆明分行各项业务发展健康、快速。现面向全市招聘以下岗位人员：

一、招聘岗位及要求

财务人员，5名。要求：

1. 大学本科及以上学历，专业对口；

2. 35周岁以下；

3. 具有两年以上金融工作经历；

二、应聘资料的要求

1. 请应聘者准备一份详细的个人简历，内容主要包含：

（1）个人基本情况（姓名、性别、出生日期、籍贯、民族、政治面貌、近期两寸免冠彩色照片1张）、主要学习和工作经历、求职意向以及联系方式等；

（2）有关学历、学位、身份证或其他资格证书的复印件等。

2. 所有材料需用A4纸打印，并装订完整。

三、联系方式

电话：0872-23251234 葛先生

　　　0872-23244321 唐小姐

电子邮件：xingyeyinhang@126.com

附：《应聘申请表》（点击下载）

兴业银行昆明分行

2012年2月18日

求职信是求职者向用人单位自荐、谋求职位的书信。除标题、称谓和落款外，正文部分主要包括：说明求职信息的来源和求职人的基本情况、说明应聘岗位和能胜任本岗位工作的各种能力、介绍自己的潜力、表示希望得到面试机会。最后一般都会说明随信附寄一些有效证件的复印件或相关材料，这些资料为便于评审者查阅，最好有附件目录。

求职信参考例文：

求职信

王经理：

　　我从《四川人才报》上的招聘广告中获悉贵酒店欲招聘一名经理秘书，特冒昧写求职信应聘。

　　两个月后，我将从四川工商学院酒店物业管理系毕业。本人身高1.68cm，相貌端庄，气质颇佳。在校期间，我系统地学习了现代管理概论、酒店管理概论、酒店财务会计、酒店客房管理、酒店营销、应用写作、礼仪学、专业英语等课程。成绩优秀，曾发表论文多篇。熟悉电脑操作，英语通过全国大学英语六级，英语口语流利，普通话标准。

　　去年下半学期，我曾在远大五星级酒店实习了半个月，积累了一些实际工作经验。我热爱酒店管理工作，希望能成为贵酒店的一员，和大家一起为促进酒店发展竭尽全力，做好工作。

　　我的个人简历及相关材料一并附上，如能给我面试机会，我将不胜荣幸。

　　此致

敬礼！

求职人：林源

2012年2月1日

应聘成功的"法宝"

　　一家著名的外资企业要招聘高层管理人员。丰厚的薪水、优厚的待遇吸引了很多人来应聘，其中有不少是博士、硕士和外企员工。但令大家意想不到的是，最后成功的却是一位只有专科学历、没有外企工作经历的"无名小卒"。

　　在谈到怎样成功时，他说出了自己的"法宝"："这家公司的招聘广告一登出来，我就开始对该公司作细致的调查，从市场份额、产品到竞争对手等各方面的情况我都了解得清清楚楚，因而提出的建议和制定的规划也是最可行的。它没请我，我就已经为它工作了，它不请我又请谁呢？"

　　这位先生的求职思路是值得学习的。用人单位最希望的就是招聘到的人能实实在在地解决问题，能出色地胜任工作。学历和工作经验只不过是从侧面证明你有这个能力，但都不如直接拿出实实在在的方案来。在应聘前下工夫作调查，了解公司的情况，再对症下药提出可行的解决方案，最能获得应聘单位的好感。

生　词　New words

序号	简体	繁体	拼音	词性	英文释义
1.	外资	外資	wàizī	*n.*	foreign capital
2.	丰厚	豐厚	fēnghòu	*adj.*	substantial
3.	优厚	優厚	yōuhòu	*adj.*	favourable
4.	待遇	待遇	dàiyù	*n.*	treatment

序号	简体	繁体	拼音	词性	英文释义
5.	意想不到	意想不到	yìxiǎng bùdào	VP	unexpected
6.	专科	專科	zhuānkē	n.	junior college education
7.	学历	學歷	xuélì	n.	education background
8.	无名小卒	無名小卒	wúmíng-xiǎozú	idiom.	a mere nobody
9.	法宝	法寶	fǎbǎo	n.	magic key
10.	该	該	gāi	pron.	the above-mentioned
11.	细致	細緻	xìzhì	adj.	meticulous
12.	份额	份額	fèn'é	n.	share
13.	对手	對手	duìshǒu	n.	opponent
14.	制定	制定	zhìdìng	v.	formulate
15.	规划	規劃	guīhuà	n.	planning
16.	可行	可行	kěxíng	adj.	feasible
17.	求职	求職	qiúzhí	v.	hunt for a job
18.	思路	思路	sīlù	n.	ways of thinking
19.	实实在在	實實在在	shíshízàizài	adj.	down-to-earth
20.	出色	出色	chūsè	adj.	remarkable
21.	胜任	勝任	shèngrèn	v.	be competent for
22.	侧面	側面	cèmiàn	n.	side
23.	证明	證明	zhèngmíng	v.	prove
24.	对症下药	對症下藥	duìzhèng-xiàyào	idiom.	prescribe the right remedy for an illness
25.	好感	好感	hǎogǎn	n.	favorable impression

练习　Exercises

一、根据课文内容判断正误。True or false

1. 这家外资企业要招聘的是市场分析员。　　　　　　　　　　（　　）

2. 来这家外资企业应聘的人看重的是企业的知名度。　　　　　（　　）

3. 应聘者都是以前没有工作过的博士生、硕士生。　　　　　　（　　）

4. 在用人单位看来学历和工作经验不能全面证明应聘者的能力。 （　　）

5. 在应聘前进行前期准备调查，提出可行方案是应聘成功的"法宝"。（　　）

6. 最后被这家外资企业录用的是一名没有本科学历和外企工作经历的人。（　　）

二、词语连线。Match the words.

1. 值得		a. 好感
2. 获得		b. 丰厚
3. 薪水		c. 细致
4. 调查		d. 可行
5. 胜任		e. 优厚
6. 待遇		f. 学习
7. 建议		g. 工作

三、选词填空。Fill in the blanks with the most proper words.

出色	制定	对症下药	证明
优厚	丰厚	实实在在	

1. 他刚大学毕业参加工作就拿到了 _____ 的收入。

2. 老板喜欢为他 _____ 做事的员工。

3. 优秀的业绩足以 _____ 他完全可以胜任总经理的工作。

4. 秘书每次都 _____ 地完成总经理交给的任务。

5. 公司为员工提供 _____ 的工资待遇。

6. 年末各大公司忙着 _____ 明年的发展规划。

7. 解决问题时一定要注意 _____ 。

四、讨论。Discussion

1. 组织学生去人才招聘会现场，让学生采访一下面试官与应聘者，了解面试官对人才的需求、应聘者对单位的选择条件以及找工作的心理状态等情况。

2. 作为一名有丰富工作经验的人，你对在应聘中不断失败的人可以提出什么意见和建议？

导读 ▶ **Warm-up**

▶ 怎样跟对方提出订货要求?

▶ 当对方说我们的报价高时, 我们该如何应对?

▶ 商谈价格时有什么技巧?

第二单元　商务谈判
第三课　这个报价高了点儿

核心句　**Key sentences**

▶ 这是我们与贵公司的第一次合作, 我们准备先试销一下。

This is the first time we cooperate with your company, and we plan to launch a trial sale.

▶ 希望你方提供一个有吸引力的报价。

Hope you would make an attractive offer.

▶ 俗话说 "一分钱一分货"。

Just as an old saying goes, "you get what you pay for".

▶ 如果按这个价格买进, 我方难以推销。

Buying at this price, we'd find it hard to promote sales.

▶ 希望你方再做些让步。

We hope you would make more concessions.

这个报价高了点儿

（越南一家公司要购买液晶电视机，在跟中国一家公司进行价格谈判。）

中方：欢迎来到我们公司。这是我的名片，我叫李华，出口部的负责人。

越方：李先生，您好。这是我的名片。

中方：您好，金先生。请坐。

越方：谢谢。

中方：您有没有收到我们上周寄给您的样品？

越方：收到了，我们已经进行了评估。我们对贵公司生产的46寸新一代液晶电视机很感兴趣，如果价格合适，我们现在就想订货。

中方：那太好了，希望我们合作愉快。

越方：这是我们与贵公司的第一次合作，我们准备先试销一下。希望你方提供一个有吸引力的报价。

中方：每台4900元。

越方：我觉得这个报价高了点儿。

中方：俗话说"一分钱一分货"，我们这款液晶电视机品质优良，一直是市场上的抢手货。外形上，采用了高亮材质的黑色窄边框，底部是微笑造型的圆弧设计。1366×768的分辨率，5ms的快速响应时间，性能极佳，还配有多功能接口。

越方：不过如果按这个价格买进，我方难以推销。我们希望再便宜一些，4600元怎么样？

便宜一些！　一分钱一分货！

中方：如果你方订货超过5000台，我们可以减到4800元。

越方：第一批我们就订5000台。这样吧，咱们各让一半，4700元怎么样？

中方：4780元是我们的底价了。

越方：希望你方再做些让步。我们的最高还盘只能是4750元。

中方：好吧，希望我们今后长期合作。

越方：你方能在9月10号前发货吗？

中方：没问题。

越方：我建议您在合同里写上"9月10日或之前交货"。

中方：好，就这样决定吧。

课前预习 Preview

根据课文内容选择正确答案。Choose the correct answers according to the text.

1. 文章的主要内容是什么？ （　）

　　A. 讨论样品　　　　　　　　B. 商谈价格

　　C. 评估中方产品　　　　　　D. 在越方试销产品

2. 下面哪一项是不正确的？ （　）

　　A. 越方对中方的样品已经做了评估。

　　B. 越方对中方46寸新一代液晶电视机感兴趣。

　　C. 越方与中方公司是第二次合作。

　　D. 越方准备先试销产品。

3. 中方的报价是多少？ （　）

　　A. 4600元/台　　　　　　　B. 4700元/台

　　C. 4800元/台　　　　　　　D. 4900元/台

4. 下面哪一项不是46寸新一代液晶电视机的特点？ （　）

　　A. 采用了高亮材质的黑色窄边框。

　　B. 底部是微笑造型的圆弧设计。

　　C. 分辨率为1920×1080。

　　D. 5ms的快速响应时间。

5. 越方的最高还盘是多少？ （　）

　　A. 4600元/台　　　　　　　B. 4700元/台

　　C. 4750元/台　　　　　　　D. 4780元/台

6. 越方第一批订多少台？ （　）

　　A. 5500台　　　B. 5000台　　　C. 4700台　　　D. 2500台

生 词 New words

序号	简体	繁体	拼音	词性	英文释义
1.	报价	報價	bàojià	*v.*	quote price
2.	谈判	談判	tánpàn	*v.*	negotiate
3.	出口部	出口部	chūkǒubù	*NP*	export department
4.	样品	樣品	yàngpǐn	*n.*	sample
5.	评估	評估	pínggū	*v.*	evaluate
6.	订货	訂貨	dìnghuò	*v.*	order goods
7.	试销	試銷	shìxiāo	*v.*	trial sale
8.	吸引力	吸引力	xīyǐnlì	*n.*	attraction
9.	俗话	俗話	súhuà	*n.*	proverb
10.	品质	品質	pǐnzhì	*n.*	quality (of commodities, etc.)
11.	抢手货	搶手貨	qiǎngshǒuhuò	*n.*	hot-seller
12.	外形	外形	wàixíng	*n.*	appearance
13.	采用	採用	cǎiyòng	*v.*	adopt
14.	材质	材質	cáizhì	*n.*	material
15.	边框	邊框	biānkuàng	*n.*	frame
16.	造型	造型	zàoxíng	*n.*	modelling
17.	圆弧	圓弧	yuánhú	*n.*	circular arc
18.	分辨率	分辨率	fēnbiànlù	*n.*	resolution
19.	响应	響應	xiǎngyìng	*v.*	respond
20.	性能	性能	xìngnéng	*n.*	property
21.	配	配	pèi	*v.*	find something to fit
22.	接口	接口	jiēkǒu	*n.*	interface
23.	难以	難以	nányǐ	*adv.*	difficult to
24.	底价	底價	dǐjià	*n.*	base price
25.	让步	讓步	ràngbù	*v.*	make a concession
26.	还盘	還盤	huánpán	*n.*	counter-bid

语言点 Language points

1 俗话说

原文： 俗话说"一分钱一分货"。

用法： 民间流行的、通俗而语意警醒的有固定形式的语句。常用来表明观点。

（1）俗话说"天下无难事，只怕有心人"，只要努力，就没有难事。

（2）俗话说"计划赶不上变化"，但企业管理一定要有计划。

（3）俗话说"条条大路通罗马"，每个企业都有自己不同的发展道路。

2 名词/动词+上

原文： 外形上，采用了高亮材质的黑色窄边框。

用法： "上"用在名词或动词后，表示某一方面，相当于"在……方面"。

（1）这款手机外形上大方，功能上也很强大。

（2）这双鞋设计上有点儿问题。

（3）尽管这款电视机售价不高，但维修上的花费却超乎想象。

3 按

原文： 如果按这个价格买进，我方难以推销。

用法： 介词。表示依照（要求或规定做）。

（1）根据相关法律规定，符合条件的中小型企业按20%的税率征收（zhēngshōu; levy）企业所得税。

（2）企业不能按习惯做事，要按市场需求做事。

（3）员工不按规定办事，就要受到惩罚（chéngfá; punish），严重的话，会被开除。

4 难以+动词

原文： 如果按这个价格买进，我方难以推销。

用法： 副词。表示很难（做）。

（1）不进行技术创新，企业难以做大做强。

（2）员工都要不断学习，否则难以在企业里长久立足。

（3）目前高技能人才难以满足企业需求。

即学即用 Language in use

1. 请用"俗话说"完成对话或句子。 Complete the conversations or sentences with "俗话说".

（1）A：你为什么找大企业作为合作伙伴？

B：_____。

（2）A：你为什么投资餐饮业？

B：_____。

（3）餐饮原材料采购是酒店每天工作的第一步，也是非常重要的一步，

_____。

（4）企业用人很重要，_____。

2. 请用"名词/动词+上"完成对话或句子。 Complete the conversations or sentences with "名词/动词+上".

（1）A：生意谈得怎么样了？

B：_____。

（2）A：这款车怎么样？

B：_____。

（3）今天是新装发布会，_____。

3. 请用"按"完成对话或句子。 Complete the conversations or sentences with "按".

（1）A：电视广告怎么收费？

B：_____。

（2）A：昨天经理在会上提出了开拓东南亚市场的计划。

B：下一步我们 _____。

（3）我们 _____，否则逾期（yúqī; exceed the time limit）要赔款。

4. 请用"难以"完成句子。Complete the sentences with "难以".

（1）这个产品设计有问题，_____。

（2）经济危机到来，许多中小企业 _____。

（3）这个项目太大了，光靠我们自己的力量 _____。

综合练习  Integrated exercises

听说练习 Listening and speaking exercises

一、根据听到的句子和它的三个应答，选择最恰当的应答。Choose the most proper responses according to the sentences and the three responses you hear.

1. (　　)　A.　　　B.　　　C.
2. (　　)　A.　　　B.　　　C.
3. (　　)　A.　　　B.　　　C.
4. (　　)　A.　　　B.　　　C.
5. (　　)　A.　　　B.　　　C.
6. (　　)　A.　　　B.　　　C.

二、根据听到的对话，选择最恰当的答案。Choose the most proper answers according to the conversations you hear.

1. 女的明天要做什么？　　　　　　　　　　　　　　　　(　　)
   A. 布置会议室　　　　　　　B. 买纪念品
   C. 商谈价格　　　　　　　　D. 接待越方代表

2. 男的对什么感兴趣？　　　　　　　　　　　　　　　　(　　)
   A. 商务人士　　　　　　　　B. 新款电视机
   C. 这段音乐　　　　　　　　D. 新款音乐手机

3. 女的说的是哪幅图片？　　　　　　　　　　　　　　　(　　)
   A.　　　　　　　　　　　　B.

   C.　　　　　　　　　　　　D.

4. 男的还盘是多少？　　　　　　　　　　　　　　　　　（　　）

　　A. 2300元　　　　　B. 2700元　　　　C. 2800元　　　　D. 2900元

5. 他们可能在什么地方？　　　　　　　　　　　　　　　（　　）

　　A. 会议室　　　　　B. 休息室　　　　C. 办公室　　　　D. 饭店

6. 女的正在做什么？　　　　　　　　　　　　　　　　　（　　）

　　A. 在会议室开会　　B. 接待金先生　　C. 介绍公司　　　D. 参观展品室

三、根据听到的两段话，选择正确答案。Choose the correct answers according to the two paragraphs you hear.

1~3题

1. 这段话的主要意思是什么？　　　　　　　　　　　　　（　　）

　　A. 老板不可以接受顾客的第一次还价。

　　B. 作为顾客，一定要讨价还价。

　　C. 第一次出价要高一些。

　　D. 买贵了心里特别不舒服。

2. 第一段对话中成交价是多少？　　　　　　　　　　　　（　　）

　　A. 300元　　　　　B. 650元　　　　C. 750元　　　　D. 780元

3. 第二次成交价与第一次成交价相比，怎么样？　　　　　（　　）

　　A. 低了30元　　　B. 高了30元　　　C. 高了100元　　D. 低了100元

4~6题

4. 他们在谈论什么产品？　　　　　　　　　　　　　　　（　　）

　　A. 塑料　　　　　　　　　　　　B. 儿童玩具

　　C. 数码相机　　　　　　　　　　D. 塑料玩具相机

5. 张经理的报价是多少？　　　　　　　　　　　　　　　（　　）

　　A. 每打200元　　　　　　　　　B. 每打185元

　　C. 每打170元　　　　　　　　　D. 每打160元

6. 最后的成交价是多少？　　　　　　　　　　　　　　　（　　）

　　A. 每打200元　　　　　　　　　B. 每打185元

　　C. 每打170元　　　　　　　　　D. 每打160元

四、根据听到的内容填空。 Listen to the recording and fill in the blanks.

1. _____ 的讨论依然是谈判的主要组成部分。

2. 很多没有结局的 _____ 都是因为双方价格上的分歧而最终导致失败的。

3. 买方希望以较低的价格 _____ 。

4. 第一次向客户 _____ 时的确需要花一些时间思考。

5. 开价低对方也不会停止价格 _____ 。

五、看图说话。 Picture descriptions

看下面四幅图，说一说王女士来到服装批发市场，为自己的小店进女式毛衣的购买过程。

六、情景会话。Situational conversations

1. 角色扮演。Role play

| 角色1：顾客小王 |

| 角色2：小商店老板 |

任务 {

顾客小王看上了一条牛仔裤，小商店老板开价280元，小王希望以150元买下来。

2. 你是一家公司的员工，在一次贸易洽谈会上，你们公司经理看中了一款最新电动玩具，你负责与玩具商王经理商谈价格。

七、讨论。Discussion

1. 商谈价格时需要注意哪些问题？
2. 你知道哪些商务谈判礼仪？

读写练习 Reading and writing exercises

一、选词填空。Fill in the blanks with the most proper words.

| 负责 | 评估 | 试销 | 俗话 | 品质 |
| 采用 | 性能 | 造型 | 推销 | 响应 |

1. 我们对这批货进行了 _____，结果为上等品。
2. _____ 说："贱钱无好货，好货不便宜。"质量好，价格自然也会高一些。
3. 他是公司销售部的 _____ 人，部门共有40名推销员。
4. 这款化妆盒 _____ 的手机很漂亮。
5. 这批刚从日本进口的相机 _____ 优良，成为市场上的抢手货。

6. 由于是第一次合作，我想 _____ 一下，先订1000台吧。

7. 许多企业不能及时 _____ 客户的需求变化。

8. 这些货 _____ 了高科技，所以价格高，但性能非常好。

9. 他是这家商场的 _____ 员，服务态度非常好。

10. 这款电脑 _____ 非常稳定，一直深受消费者喜爱。

二、根据所给例子完成下列词语搭配。Follow the given examples to fill in the blanks.

1. 负责<u>产品销售</u>

   负责 _____　　负责 _____　　负责 _____

2. 对<u>质量</u>进行评估

   对 _____ 进行评估　对 _____ 进行评估　对 _____ 进行评估

3. 采用<u>高新技术</u>

   采用 _____　　采用 _____　　采用 _____

4. 难以<u>推销</u>

   难以 _____　　难以 _____　　难以 _____

5. 推销<u>电脑</u>

   推销 _____　　推销 _____　　推销 _____

6. 高品质的<u>液晶电视机</u>

   高品质的 _____　　高品质的 _____　　高品质的 _____

三、用所给词语完成句子。Complete the sentences with the given words.

1. _____，上层管理人员不以身作则，下层员工自然不会严格遵守公司的规定。　　　　　　　　　　　　　　　　（俗话说）

2. 这款手机性能佳，设计好，_____。　　（一直）

3. 这件衣服_____ 不错，但颜色搭配上不太好。　　（名词+上）

4. 如果我们不_____ 交货，就要赔款。　　　　　　（按）

5. 那家公司_____，希望订货。　　（对……感兴趣）

6. 这个项目太大了，只靠我们自己的力量_____。　　（难以）

7. 我们的产品无法与高价位的产品竞争，_____。　　（只能）

8. _____，就很难在竞争中成功。　　（如果）

四、写作。Writing

下面是某公司产品的报价函，买方感觉价格比较高，请你代买方写一封还价函。

报价函

美伦公司：

　　很高兴收到贵公司1月5日的来函。现寄上产品目录与价目表，同时另封寄去样品，请查收。所寄产品目录包括本公司产品的品名、规格。与其他厂商的价格比较，我方的报价定会使贵方满意。

　　凡总订购量达到及超过70万元但不足140万元者，我方将给予10%的折扣；凡总订购量达到及超过140万元者，我方将给予20%的折扣。

华意公司

2012年2月2日

　　还价函是指接受报价的一方，认为对方的报价中某些条款不能接受，向报价方提出修改意见供对方考虑的信函。还价函除标题、称谓和落款外，正文部分主要包括：首先说明报价函已收到；然后说明希望还价，包括价格、包装、结算方式、交货日期、运输方式等；说明还价措施，原报价函变动情况，还价原因及建议等。

　　还价函参考例文：

还价函

大华茶叶厂：

　　贵方5月12日报价函收悉。我方认为贵方一级君山毛尖茶叶的报价偏高，我方难以接受。我方认为在原报价的基础上降低5%比较合适，请贵方考虑。

　　盼复。

沃尔特公司

2012年5月15日

合理报价

报价并不简单：太高了，会把客人吓跑；太低了，自己又会吃亏。只有合理的报价，才能赢来更多的客户，获得更多的利润。报价之前，你要熟知自己产品的性能和价位，并了解同类产品的情况，还要对目标市场以及客户情况进行调研。

如果客户向你询价，你先要了解客户来自哪里，是否属于目标市场，经营范围是什么，销售方式是批发还是零售，购买能力及诚意如何，对产品的熟悉程度如何等，然后再报价。

如果对方是大客户，购买力较强，价格可报高一点儿。如果客户对产品和价格非常熟悉，你要说明自己产品的特点。如果客人不喜欢讨价还价，最好一开始就报底价。如果客人对产品不是很熟悉，你要多介绍一下产品的用途和优点，价格可报高一点儿。如果客人对价格特别敏感，而又看中了产品，那么你一定要有耐心。

当然，产品价格的高低与产品的质量有关，也与供求关系有关。如果产品质量上乘，报价肯定比较高；如果产品在市场上供不应求，报价还可以更高；如果产品是新款式，报价比成熟的产品要高些。即使是同一种产品，在不同的时间里，报价也可以不同。

生 词 New words

序号	简体	繁体	拼音	词性	英文释义
1.	吓	嚇	xià	v.	scare
2.	吃亏	吃虧	chīkuī	v.	suffer losses

序号	简体	繁体	拼音	词性	英文释义
3.	合理	合理	hélǐ	*adj.*	rational
4.	获得	獲得	huòdé	*v.*	acquire
5.	利润	利潤	lìrùn	*n.*	profit
6.	价位	價位	jiàwèi	*n.*	price level
7.	调研	調研	diàoyán	*v.*	investigate and survey
8.	属于	屬于	shǔyú	*v.*	belong to
9.	范围	範圍	fànwéi	*n.*	scope
10.	批发	批發	pīfā	*v.*	wholesale
11.	零售	零售	língshòu	*v.*	retail
12.	诚意	誠意	chéngyì	*n.*	sincerity
13.	程度	程度	chéngdù	*n.*	degree
14.	用途	用途	yòngtú	*n.*	use
15.	敏感	敏感	mǐngǎn	*adj.*	sensitive
16.	供求	供求	gōngqiú	*v.*	supply and demand
17.	上乘	上乘	shàngchéng	*adj.*	of superior quality
18.	肯定	肯定	kěndìng	*adv.*	definitely
19.	供不应求	供不應求	gōngbùyìngqiú	*idiom.*	demand exceeds supply
20.	款式	款式	kuǎnshì	*n.*	style

练 习 **Exercises**

一、根据课文内容判断正误。True or false

1. 合理报价，才能赢来更多的客户。 （ ）
2. 报价很简单，越高对自己越有利。 （ ）
3. 商谈价格时最好开始就报底价，不要讨价还价。 （ ）
4. 如果对方是大客户，购买力较强，价格可报高一点儿。 （ ）
5. 产品在市场上供不应求，报价可低一些。 （ ）
6. 产品是新款式，报价比成熟的产品要高些。 （ ）

二、选择正确答案。Choose the correct answers.

1. 设计新产品 _____ 简单，需要做好各方面的调研。　　　（　　）
A. 很　　　　　B. 并不　　　　　C. 挺　　　　　D. 比较

2. _____ 性能好的产品，_____ 能在市场中长久立足。　（　　）
A. 只要……就……　　　　　　　B. 如果……那么……
C. 因为……所以……　　　　　　D. 只有……才……

3. _____ 没有足够的资金，_____ 企业就无法运转。　（　　）
A. 如果……那么……　　　　　　B. 只要……就……
C. 只有……才……　　　　　　　D. 即使……也……

4. 经理 _____ 身体不舒服，_____ 会来上班。　　（　　）
A. 如果……那么……　　　　　　B. 只要……就……
C. 只有……才……　　　　　　　D. 即使……也……

5. 这款手机的成功 _____ 企业技术创新有关。　　　（　　）
A. 与　　　　　B. 对　　　　　C. 给　　　　　D. 向

6. 产品价位高，不 _____ 销量差。　　　　　　（　　）
A. 能　　　　　B. 肯定　　　　　C. 一定　　　　　D. 可以

7. 报价 _____，一定要对市场和客户进行调研。　　（　　）
A. 上　　　　　B. 之前　　　　　C. 时　　　　　D. 之后

三、选词填空。Fill in the blanks with the most proper words.

吃亏	获得	价位	目标	范围
程度	敏感	上乘	肯定	属于

1. 这家电脑公司上半年的销售 _____ 是10000台。

2. 如果把价格定得太低，我们就会 _____。

3. 他明天上午 _____ 不能来上班了，因为他病得很重。

4. 公司研发的新产品在市场上 _____ 了很大的成功。

5. 这家公司的产品 _____ 高科技，价格比较高。

6. 报价前一定要了解客户对产品的熟悉 _____。

7. 公司将在全球 _____ 招聘高管人才。

8. 这家酒店服务水平 _____，吸引了不少客户。

9. 他对市场变化非常 _____，能够较快地做出反应。

10. 这款产品属于中低档 _____，每年的销售量非常大。

四、讨论。Discussion

1. 请你上网调查一下某个品牌的电脑报价，并谈谈影响电脑报价的因素。

2. 报价非常重要，因此需要充分准备。你认为要做哪些准备？

导读 ▶ **Warm-up**

▶ 如果你是经理, 想发展代理商, 怎样向客户提出这个想法?

▶ 对代理商来说, 哪些方面可能会影响销售额?

第二单元　商务谈判

第四课　独家代理

核心句 | **Key sentences**

▶ 如果我们授权你成为我们公司的代理商, 怎么样?

What do you think if you are authorized to be our company's agent?

▶ 你每年可以完成多少销售额?

How much sales volume can you achieve annually?

▶ 独家代理的话, 40万元就太少了。

RMB 400, 000 would be too little if you were the sole agent.

▶ 还有什么会影响你的销量?

What else would affect your sales volume?

▶ 我承诺100%补差价, 但你必须再增加5万元销量。

I promise that we would cover the difference in full, but you need to increase your sales volume by RMB 50, 000.

主课文
Text

独家代理

（康德公司是一家生产和销售饮料的公司，为了公司的发展，梁经理拜访了客户王老板。）

梁经理：王老板，你是我们的老客户，也是大客户。如果我们授权你成为我们公司的代理商，怎么样？

王老板：那当然好了。

梁经理：那你每年可以完成多少销售额？

王老板：40万元应该没问题，只是担心市场价格问题。

梁经理：我们有统一的市场价格，代理商之间要互相配合。

王老板：我希望成为你们在西安市的独家代理商。

梁经理：独家代理的话，40万元就太少了。

王老板：那就60万吧。

梁经理：还有什么会影响你的销量？

王老板：贵公司是现款提货，进货多了，怕卖不完；进货少了，又怕缺货。

梁经理：如果只让你付30%的现款，你还能增加多少销售额？

王老板：七八万元应该可以。

梁经理：行，你的销售目标就定在70万元。还有其他问题吗？

王老板：饮料的季节性太强，如果降价而厂家不补差价，我们就会有很大的损失。

梁经理：我承诺100%补差价，但你必须再增加5万元销量。

王老板：好吧，我承诺每年完成75万元销量。

梁经理：一言为定，独家代理，每年75万元销量。

独家代理的话，40万元就太少了。

那就60万吧。

课前预习 Preview

根据课文内容选择正确答案。 Choose the correct answers according to the text.

1. 康德公司是生产和销售什么产品的公司？ （　）
   A. 家具　　　　B. 服装　　　　C. 皮鞋　　　　D. 饮料

2. 作为公司的代理商，王老板觉得可以完成多少销售额？ （　）
   A. 40万元　　　B. 60万元　　　C. 70万元　　　D. 75万元

3. 下面哪一项不是王老板提出的影响销量的因素？ （　）
   A. 市场价格不统一　　　　　　B. 现款提货
   C. 饮料的季节性太强　　　　　D. 运输不便

4. 下面哪一项不是梁经理提出的？ （　）
   A. 希望王老板成为他们公司在西安市的独家代理商
   B. 让王老板只付30%的现款
   C. 希望王老板与其他代理商互相配合
   D. 承诺100%补因季节降价而造成的差价

5. 王老板与梁经理谈判后，承诺每年要完成多少销售额？ （　）
   A. 40万元　　　B. 60万元　　　C. 70万元　　　D. 75万元

生　词　New words

序号	简体	繁体	拼音	词性	英文释义
1.	独家	獨家	dújiā	*adj.*	exclusive
2.	代理	代理	dàilǐ	*v.*	act on behalf of someone in a responsible position
3.	拜访	拜訪	bàifǎng	*v.*	pay a visit
4.	客户	客戶	kèhù	*n.*	client
5.	老板	老闆	lǎobǎn	*n.*	boss
6.	授权	授權	shòuquán	*v.*	authorize
7.	代理商	代理商	dàilǐshāng	*n.*	agent
8.	销售额	銷售額	xiāoshòu'é	*n.*	value of sales
9.	统一	統一	tǒngyī	*adj.*	unified

序号	简体	繁体	拼音	词性	英文释义
10.	配合	配合	pèihé	v.	coordinate
11.	销量	銷量	xiāoliàng	n.	sales volume
12.	现款	現款	xiànkuǎn	n.	cash
13.	提货	提貨	tíhuò	v.	pick up goods
14.	进货	進貨	jìnhuò	v.	replenish stock
15.	缺货	缺貨	quēhuò	v.	be out of stock
16.	季节性	季節性	jìjiéxìng	n.	seasonality
17.	补	補	bǔ	v.	make up
18.	差价	差價	chājià	n.	price difference
19.	损失	損失	sǔnshī	n.	loss
20.	承诺	承諾	chéngnuò	v.	promise
21.	一言为定	一言爲定	yīyánwéidìng	idiom.	a promise is a promise

语言点 Language points

1 名词+性

原文： 饮料的季节性太强。

用法： 表示事物的性质、性能、范围或方式。

（1）这些图书内容丰富，而且有很强的趣味性。

（2）两家公司达成了原则性共识，将于明年开始合作。

（3）公司员工要有纪律性，否则就会受到公司的惩罚。

2 一言为定

原文： 一言为定，独家代理，每年75万元销量。

用法： 表示说了就算数，不更改，不反悔。还可以说"一言既出，驷马难追"，一句话说出了口，就是套了四匹马的车也追不上，表示话说出之后，无法再收回；也表示说话算数，不会反悔。

（1）一言为定，明天公司就派人来签合同。

（2）一言为定，希望合作愉快！

（3）一言为定，下午五点我在酒店等您。

即学即用 **Language in use**

1. 请用"名词+性"改写句子。Rewrite the sentences with "名词+性".

（1）这个项目在这一阶段已经取得成果。

_____。

（2）公司制度还不够完善，很多规定没有成为制度。

_____。

（3）公司组织群众开展技术创新活动。

_____。

2. 请用"一言为定"完成对话。Complete the conversations with "一言为定".

（1）A：交货时间就定在9月10日吧。

B：_____。

（2）A：这次洽谈会我们一定参加。

B：_____。

（3）A：下午3点请准时到我公司签约。

B：_____。

综合练习  **Integrated exercises**

听说练习 **Listening and speaking exercises**

一、根据听到的句子和它的三个应答，选择最恰当的应答。Choose the most proper responses according to the sentences and the three responses you hear.

1. （　　）　　A.　　　　B.　　　　C.

2. （　　）　　A.　　　　B.　　　　C.

3. （　　）　　A.　　　　B.　　　　C.

4. （　　）　　A.　　　　B.　　　　C.

5. （　　）　　A.　　　　B.　　　　C.

6. （　　）　　A.　　　　B.　　　　C.

二、根据听到的对话，选择最恰当的答案。Choose the most proper answers according to the conversations you hear.

1. 下面哪一项没有提到？ （　　）
   A. 市场竞争
   B. 与代理商谈判
   C. 开拓市场
   D. 产品销售额

2. 女的说的是哪幅图？ （　　）

A   B   C   D

3. 他们在谈论什么？ （　　）
   A. 提高销售额　　B. 生产饮料　　C. 代理产品　　D. 提供优惠

4. 他们今年的销售目标是多少？ （　　）
   A. 220万元　　　B. 280万元　　C. 340万元　　D. 360万元

5. 王经理的生意怎么样？ （　　）
   A. 不太好
   B. 还没有代理商加盟
   C. 越做越大
   D. 已开拓了中西部市场

6. 他们在做什么？ （　　）
   A. 签合同　　　　B. 代理谈判　　C. 销售产品　　D. 检查合同

三、根据听到的两段话，选择正确答案。Choose the correct answers according to the two paragraphs you hear.

1~3题

1. 老太太去买什么水果？ （　　）
   A. 李子　　　　　B. 桃子　　　　C. 苹果　　　　D. 香蕉

2. 老太太给谁买水果？ （　　）
   A. 自己　　　　　B. 儿子　　　　C. 丈夫　　　　D. 儿媳妇

3. 老太太每天到第几个小贩那里买水果？ （ ）

    A. 第一个   B. 第二个   C. 第三个   D. 第四个

4~6题

4. 关于张经理招聘电工，哪一项不正确？ （ ）

    A. 电工缺位有半个多月了。

    B. 老板对招聘电工不太着急。

    C. 他们要招一个一般的电工。

    D. 之前那个电工不懂设备，老板把他解雇了。

5. 懂设备维修的电工一般一个月多少钱？ （ ）

    A. 1200元   B. 1500元   C. 1600元   D. 2000元以上

6. 与顾问谈话后，张经理对招聘电工是什么态度？ （ ）

    A. 不认可   B. 觉得很有必要

    C. 不着急   D. 觉得没有必要

四、根据听到的内容填空。Listen to the recording and fill in the blanks.

1. 刘先生希望成为天华公司在上海的 _____ 代理。

2. 刘先生需要全面的技术和营销 _____。

3. 刘先生希望对方能 _____ 技术人员。

4. 天华公司会根据总 _____ 来支付年费。

五、看图说话。Picture descriptions

    美美公司开发出新款冰激凌，想做广告宣传，与广告商进行了谈判。请看下面四幅图，说一说谈判过程。

广告风格，购买对象……

1   2

3   4

六、情景会话。Situational conversations

1. 你是一家玩具厂的老板，想发展代理商，找到了苏州一家商场的王老板，谈了你的想法……

（1）介绍代理产品的情况。

（2）承诺提供技术支持。

（3）希望对方达到一定的销售额。

2. 你是一位顾客，半年前买了一台电视机，发现性能不好，希望厂商能够退货，你打电话给厂商……

（1）电视机出现的问题。

（2）电视机修过，但没有修好。

（3）希望尽快检测，并给予退货。

七、讨论。Discussion

请上网查询一下有关代理方式的资料，在课堂上介绍给其他同学。

读写练习 Reading and writing exercises

一、选词填空。Fill in the blanks with the most proper words.

代理	授权	配合	统一	缺货
销量	承诺	进货	损失	差价

1. 公司 _____ 他为这次谈判的负责人。

2. 他们在这次谈判中 _____ 得很好，取得了成功。

3. 他是微软公司在中国的总 _____。

4. 这款新产品非常受欢迎，上市不到半年，就 _____ 了。

5. 这款汽车今年上半年全球 _____ 为220.6万辆。

6. 你要是从义乌拿货，基本上是要按批发模式从公司里 _____。

7. 厂家 _____ 三年包修，一年包换、包退。

8. 这些电脑市场价格不 _____，给消费者带来了较大的影响。

9. 这次谈判失败，给公司带来了很大的 _____。

10. 这家装修公司报价太乱，_____ 高达一万多元。

二、根据所给例子完成下列词语搭配。Follow the given examples to fill in the blanks.

1. 统一的市场价格
   统一的 _____　统一的 _____　统一的 _____

2. 担心市场价格问题
   担心 _____　担心 _____　担心 _____

3. 影响销量
   影响 _____　影响 _____　影响 _____

4. 增加销售额
   增加 _____　增加 _____　增加 _____

5. 销售目标
   _____ 目标　_____ 目标　_____ 目标

6. 完成75万元销量
   完成 _____　完成 _____　完成 _____

三、用所给词语完成句子。Complete the sentences with the given words.

1. _____，公司派出了最优秀的谈判者。 （为了）
2. 这件衣服的式样、颜色都很好，_____。 （只是）
3. 他不想在公司工作，_____，只想读书。 （也）
4. 他能力很强，_____。 （而）
5. 虽然收入不太高，_____。 （但是）
6. 如果要开拓海外市场，那_____。 （就）
7. 厂家_____，但事实上没有做到。 （承诺）
8. 现在很多产品配件都有了_____，方便了消费者。 （统一）

四、写作。Writing

你公司是一家生产和销售饮料的公司，为了公司发展，特向客户孙浩发函，希望他成为山东地区的总代理。请你写一封邀约代理函。

邀约代理函是企业邀请代理商的函件。邀约代理函除标题、称谓和落款外，正文部分主要包括：简要说明公司的发展情况；邀约对方成为销售代理的理由；说明具体要求；表达信任和期望。

邀约代理函参考例文：

邀约代理函

名轩公司：

本月初参观广州玩具交易会时，有幸与欢欢玩具股份有限公司的刘天先生谈及贵公司。刘先生赞扬贵公司积极推广产品，不断推出新的推销方法，并把其公司的成就归于贵公司完善的经销网络。贵公司的经验，有助于替本公司经销产品。

本公司生产各类儿童玩具，在国内享有声誉，有着非常好的市场前景。现附上配有插图的目录，盼抽空细阅，并赐宝贵意见。

为进一步扩大市场，增加销售量，特邀请贵公司成为我公司的代理商。

盼复。

海星玩具公司
2012年1月9日

副课文
Further reading

没有回报，决不让步

北京一家大型超市就要开业了，我代表一家弱势品牌的食品厂商与超市进行进店洽谈。对方要求十分严格，谈判非常困难，尤其是60天账期的要求实在让人难以接受，谈判陷入了僵局。几天后，对方打电话给我，希望我提供一套现场制作的设备，能够吸引更多的消费者。我正好有一套设备闲置，但我却没有马上答

没有回报，决不让步

应，只是说："陈经理，我会回公司尽力协调这件事，争取在最短的时间内给您答复，但您能不能给我一个正常的货款账期呢？"最后，我赢得了一个平等的合同，账期减少到30天，超市也因为现做现卖吸引了更多的客人。一次双赢的谈判就这样成功了。

在谈判中，让步的原则是"没有回报，决不让步"。也许你经历过这样的情景：你千辛万苦地开发了一个重要客户，对方虽然认可了你的产品，但始终不同意接受产品的价格。你当然不能让煮熟的鸭子飞了，只好做出价格让步，条件是下次订货时用标准价格，对方答应了。到他们再次订货时，没想到的是他们不但不认可标准价格，还提出如果不给折扣，他们会与别人合作。这个时候，你肯定非常生气，但又有什么办法？所以，当对方要求你让步时，一定要能得到回报，否则不要让步。

生 词　New words

序号	简体	繁体	拼音	词性	英文释义
1.	回报	回報	huíbào	v.	pay back
2.	弱势	弱势	ruòshì	n.	the disadvantaged

序号	简体	繁体	拼音	词性	英文释义
3.	洽谈	洽談	qiàtán	*v.*	talk over with
4.	严格	嚴格	yángé	*adj.*	strict
5.	账期	賬期	zhàngqī	*n.*	account period
6.	陷入	陷入	xiànrù	*v.*	fall into
7.	僵局	僵局	jiāngjú	*n.*	deadlock
8.	设备	設備	shèbèi	*n.*	facility
9.	正好	正好	zhènghǎo	*adv.*	just right
10.	闲置	閒置	xiánzhì	*v.*	leave unused
11.	正常	正常	zhèngcháng	*adj.*	normal
12.	赢得	贏得	yíngdé	*v.*	win
13.	平等	平等	píngděng	*adj.*	equal
14.	双赢	雙贏	shuāngyíng	*v.*	win-win
15.	原则	原則	yuánzé	*n.*	principle
16.	千辛万苦	千辛萬苦	qiānxīn-wànkǔ	*idiom.*	all kinds of hardships
17.	开发	開發	kāifā	*v.*	develop
18.	认可	認可	rènkě	*v.*	approve
19.	只好	祇好	zhǐhǎo	*adv.*	have no choice but to
20.	标准	標準	biāozhǔn	*adj.*	standard
21.	折扣	折扣	zhékòu	*n.*	discount

练 习　Exercises

一、根据课文内容选择正确答案。Choose the correct answers according to the text.

1. 食品厂商与超市的进店洽谈开始时进行得怎么样？ 　　（　　）

　　A．十分顺利　　　B．比较顺利　　　C．达成双赢　　　D．非常艰苦

2. 超市经理打电话给我，提出了什么要求？ 　　（　　）

　　A．账期为60天　　　　　　　　　B．提供一套现场制作的设备

　　C．账期为30天　　　　　　　　　D．提供一个正常的货款账期

3. 超市为什么吸引了更多的顾客？　　　　　　　　　　　　　（　　）
    A. 食品质量高　　　　　　　　　　B. 食品味道好
    C. 现做现卖　　　　　　　　　　　D. 食品价格低

4. 文中提到的例子中，下面哪一项不是买方的做法？　　　　　（　　）
    A. 认可卖方的产品　　　　　　　　B. 要求卖方降低产品价格
    C. 再次订货时要求给予折扣　　　　D. 再次订货时认可标准价格

5. 根据文章内容，下面哪一项是不正确的？　　　　　　　　　（　　）
    A. 要求一个合理的账期
    B. 要赢得一个平等的合同
    C. 把握辛苦开发的客户要主动做一定让步
    D. 谈判的原则是"没有回报，决不让步"

二、填写合适的量词。Fill in the blanks with proper measure words.

1. 一 _____ 超市　　　　2. 一 _____ 洽谈
3. 一 _____ 设备　　　　4. 一 _____ 合同
5. 一 _____ 原则　　　　6. 一 _____ 客户
7. 一 _____ 产品　　　　8. 一 _____ 企业
9. 一 _____ 食品　　　　10. 一 _____ 品牌

三、选词填空。Fill in the blanks with the most proper words.

品牌	标准	开业	回报	赢得
开发	洽谈	认可	协调	折扣

1. 戴尔电脑性能稳定，获得了中国市场和消费者的 _____。
2. 美国在华投资企业获得了丰厚的 _____。
3. 作为全球知名快餐 _____，麦当劳在中国的餐厅数已超过千家。
4. 公司各地代理商应该建立统一的价格 _____。
5. 该品牌汽车以优良的舒适性和安全性 _____ 了众多车主的喜爱。
6. 商务部表示将与相关部门 _____，稳定食用农产品价格。
7. 海尔集团在 _____ 海外市场方面采取了"先易后难"的战略。
8. 服装换季时，许多商品大打 _____，纷纷推出优惠活动。
9. 2008年5月18日上午，本市首个五星级商务酒店 _____。

10. 公司目前正在与微软公司 _____ 业务，但还未签订合约。

四、讨论。Discussion

1. 为什么说"没有回报，决不让步"？
2. 商务谈判有许多技巧，你知道哪些？请举例说明。

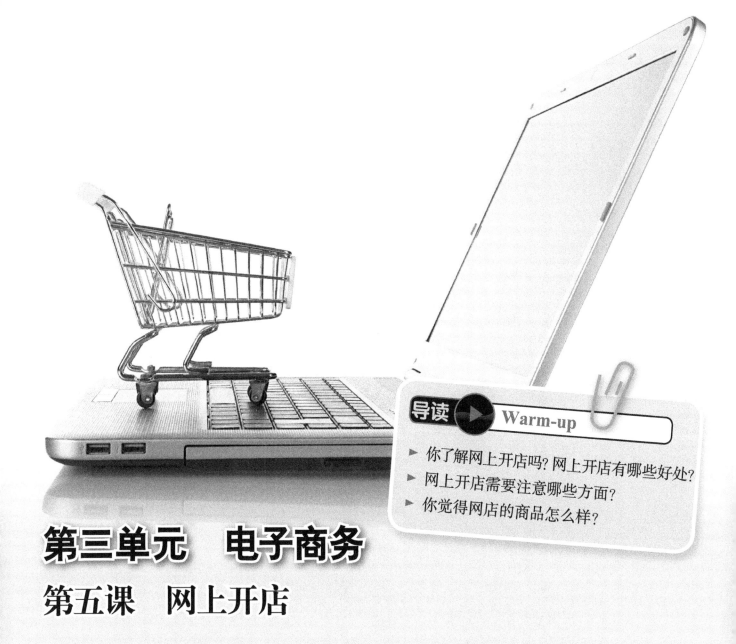

导读 ▶ **Warm-up**

▶ 你了解网上开店吗? 网上开店有哪些好处?
▶ 网上开店需要注意哪些方面?
▶ 你觉得网店的商品怎么样?

第三单元　电子商务

第五课　网上开店

核心句 | Key sentences

▶ 本来打算先在家照看两年孩子, 再出去找份更好的工作。

I planned to stay at home and look after my kid for two years, then try to find a better job.

▶ 最初我只是把家里闲置的东西卖出去, 比如宝宝的衣服和我的化妆品什么的。

At first I only tried to sell those unused articles in the house such as the kid's clothes and my cosmetics.

▶ 我想了很多办法找货源, 我的商品既有特色, 又物美价廉。

I have tried many ways to find suppliers. The commodities I offer are unique, high in quality and low in price.

▶ 你成功的秘诀是什么?

What is the secret of your success?

▶ 商品要有特色, 经营要讲诚信。

Special features are important to commodities, just as honesty is important to business.

网上开店

（莉莉到好朋友英子家作客，向英子学
习如何经营网店。）

莉莉：英子，你不是在一家公司
　　　工作吗？

英子：是的。5年前，我在公司
　　　做秘书，工作强度大，时
　　　间长，薪水又不高，挺辛
　　　苦的。有了孩子以后，我
　　　就辞职了。本来打算先在
　　　家照看两年孩子，再出去
　　　找份更好的工作。

莉莉：那你是怎么想到在网上开店的呢？

英子：其实，刚开始听到不少上当受骗的事情，所以只是看看。后来我
　　　开始试着上购物网站买些小东西，觉得很方便。有一次，看到一
　　　款漂亮的MP3，就动心了。送货上门的MP3与网上介绍的一模一
　　　样，我就放心了。那时，我就想这种网上购物的方式一定会成为
　　　购物的潮流。

莉莉：所以你就想自己在网上开店？

英子：是的。我的第一家网上商店在前年5月开张，最初我只是把家里
　　　闲置的东西卖出去，比如宝宝的衣服和我的化妆品什么的。没想
　　　到很快就全卖出去了。

莉莉：你怎么经营店铺？

英子：后来我想了很多办法找货源，我的商品既有特色，又物美价廉。
　　　慢慢地，我的网上小店规模越来越大，人气越来越旺，我的信心
　　　也就越来越足了。现在每天都要出货，特别是我的工艺品，一
　　　放上网就有人询问，一天之内，十多件工艺品就销售完了。

莉莉：每天卖出这么多商品，怎么送货呢？

英子：送货由快递公司负责，公司派人每天在固定的时间来取货，我只

要填几张单子就行了，邮费一般都是买家承担。

莉莉：你成功的秘诀是什么？

英子：商品要有特色，经营要讲诚信。没有诚信，网上开店这条路是走不长、走不远的。

课前预习 Preview

根据课文内容选择正确答案。Choose the correct answers according to the text.

1. 下面哪一项不是英子辞职的原因？ （　）
   A．工作强度大　　　　　　　　B．工作时间长
   C．薪水太少　　　　　　　　　D．有了更好的工作

2. 英子为什么在网上开店？ （　）
   A．她不想上当受骗　　　　　　B．她认为这将是购物的潮流
   C．她在网上买的MP3很漂亮　　D．她觉得上网购物很方便

3. 英子的第一家网店卖什么？ （　）
   A．家里用不着的东西　　　　　B．宝宝的旧衣服
   C．她的化妆品　　　　　　　　D．工艺品

4. 英子的网店怎么送货？ （　）
   A．英子自己送货　　　　　　　B．通过邮局送货
   C．通过快递公司送货　　　　　D．买家自己取货

5. 英子的网店为什么那么受欢迎？ （　）
   A．网店的规模大　　　　　　　B．网店的人气旺
   C．商品很有特色　　　　　　　D．英子待人热情

生 词 New words

序号	简体	繁体	拼音	词性	英文释义
1.	强度	強度	qiángdù	*n.*	intensity
2.	辞职	辭職	cízhí	*v.*	resign
3.	本来	本來	běnlái	*adv.*	originally
4.	上当	上當	shàngdàng	*v.*	be cheated

序号	简体	繁体	拼音	词性	英文释义
5.	受骗	受騙	shòupiàn	*v.*	be cheated
6.	动心	動心	dòngxīn	*v.*	one's desire, enthusiasm or interest is aroused
7.	一模一样	一模一樣	yīmú-yīyàng	*idiom.*	exactly the same
8.	潮流	潮流	cháoliú	*n.*	trend
9.	全	全	quán	*adv.*	entirely
10.	经营	經營	jīngyíng	*v.*	operate
11.	店铺	店鋪	diànpù	*n.*	store
12.	货源	貨源	huòyuán	*n.*	supply of goods
13.	特色	特色	tèsè	*n.*	unique feature
14.	物美价廉	物美價廉	wùměi-jiàlián	*idiom.*	(of a commodity) good but cheap
15.	规模	規模	guīmó	*n.*	scale
16.	人气	人氣	rénqì	*n.*	popularity
17.	旺	旺	wàng	*adj.*	flourishing
18.	足	足	zú	*adj.*	ample
19.	工艺品	工藝品	gōngyìpǐn	*n.*	art work
20.	询问	詢問	xúnwèn	*v.*	ask about
21.	快递	快遞	kuàidì	*n.*	express delivery
22.	承担	承擔	chéngdān	*v.*	bear
23.	秘诀	秘訣	mìjué	*n.*	secret (of success)
24.	诚信	誠信	chéngxìn	*n.*	credibility

语言点　Language points

1
形容词+度

原文： 我在公司做秘书，工作强度大，时间长，薪水又不高。

用法： 表示"……的程度"，如"强度"表示力量大小的程度。类似的还有"高度、宽度、长度、深度"等。

（1）这张桌子的高度不够。

（2）你看这条裤子的长度合适吗？

（3）这篇文章写得很有深度。

2 比如……
什么的

原文：最初我只是把家里闲置的东西卖出去，比如宝宝的衣服和我的化妆品什么的。

用法：用于举例，不把所有的例子都写出来，只列出一部分。"什么的"放在最后一个列举项的后面，与"等等"意思差不多。

（1）员工餐厅里的饭菜种类很多，比如东北菜、四川菜什么的。

（2）他的爱好很多，比如游泳、打篮球什么的。

（3）她的桌子上都是办公用品，比如打印机、电脑什么的。

3 之内

原文：一天之内，十多件工艺品就销售完了。

用法：一定的范围以内，不能单独用。可以用于处所、时间、范围或其他数量之后。

（1）会场之内，禁止吸烟。

（2）三日之内，给我一个答复。

（3）这项工作已经列入计划之内。

即学即用　Language in use

1. 请用"形容词+度"完成句子。Complete the sentences with "形容词+度".

（1）我们应该减轻工人的＿＿＿＿＿＿＿＿＿＿＿＿＿＿＿。

（2）这件事＿＿＿＿＿＿＿＿＿＿＿＿＿＿＿，我们做不了。

（3）他说的话总是＿＿＿＿＿＿＿＿＿＿＿＿＿，我常常听不懂。

2. 请用"比如……什么的"完成句子。Complete the sentences with "比如……什么的".

（1）我买了很多礼物给朋友，＿＿＿＿＿＿＿＿＿＿＿＿＿。

（2）我喜欢购买有特色的产品，＿＿＿＿＿＿＿＿＿＿＿。

（3）你有很多方法去那里，＿＿＿＿＿＿＿＿＿＿＿＿＿。

3. 请用"……之内"完成句子。Complete the sentences with "……之内".

（1）＿＿＿＿＿＿＿＿＿＿＿不可以骑摩托车。　　（处所）

（2）这家超市的商品＿＿＿＿＿＿＿＿＿＿可以退换。（时间）

（3）参赛人数要在＿＿＿＿＿＿＿＿＿＿＿。　　（人数）

听说练习 Listening and speaking exercises

一、 根据听到的句子和它的三个应答，选择最恰当的应答。 Choose the most proper responses according to the sentences and the three responses you hear.

1. （　） A. B. C.
2. （　） A. B. C.
3. （　） A. B. C.
4. （　） A. B. C.
5. （　） A. B. C.
6. （　） A. B. C.

二、 根据听到的对话，选择最恰当的答案。Choose the most proper answers according to the conversations you hear.

1. 女的现在在做什么？ （　）
   A. 在外贸公司工作   B. 做秘书
   C. 经营自己的网店   D. 在商店工作

2. 关于开店的经验，下面哪一项没有提到？ （　）
   A. 有胆量   B. 有耐心
   C. 有毅力   D. 有眼光

3. 男的在网上买的MP3怎么样？ （　）
   A. 质量不太好   B. 外形不漂亮
   C. 和网上的一模一样   D. 颜色和网上的不一样

4. 女的小店现在不卖什么？ （　）
   A. 闲置的东西   B. 衣服
   C. 化妆品   D. 工艺品

5. 关于女的店铺，下面哪一个不正确？ （　）
   A. 人气很足   B. 商品不便宜
   C. 规模越来越大   D. 经营得很好

6. 男的可能是做什么的？　　　　　　　　　　　　　　　　（　　）

    A．网络店铺卖家　　　　　　　　　B．网络店铺买家

    C．在快递公司工作　　　　　　　　D．在邮局工作

三、根据听到的两段话，选择正确答案。Choose the correct answers according to the two paragraphs you hear.

1~3题

1. 关于网上交易量大的商品，下面哪一项没有提到？　　　　（　　）

    A．玩具　　　　　B．服装　　　　　C．化妆品　　　　D．手机

2. 下面哪一个不是主流网民？　　　　　　　　　　　　　　（　　）

    A．学生　　　　　B．服务员　　　　C．白领　　　　　D．准白领

3. 这段话主要在谈论什么？　　　　　　　　　　　　　　　（　　）

    A．哪些商品网上交易量大　　　　　B．哪些是主流网民

    C．网上开店卖什么　　　　　　　　D．网上开店应注意什么

4~6题

4. 文章介绍了几种邮寄方式？　　　　　　　　　　　　　　（　　）

    A．两种　　　　　B．三种　　　　　C．四种　　　　　D．五种

5. 下面哪一项是平邮和普通快递的共同特点？　　　　　　　（　　）

    A．包裹重量以每500g为计算单位。　　B．邮费为6元/500g。

    C．邮局工作人员不送货。　　　　　　D．邮寄速度相同。

6. 下面哪一项不是EMS的特点？　　　　　　　　　　　　　（　　）

    A．收费贵　　　B．速度快　　　C．不能网上查询　　D．送货上门

四、根据听到的内容填空。Listen to the recording and fill in the blanks.

1. 怎样开好一个 ＿＿＿＿＿＿ 变成了很多人关心的话题。

2. 要懂得 ＿＿＿＿＿＿，要寻找便宜、＿＿＿＿＿＿、有特色的货源。

3. 网上开店，＿＿＿＿＿＿ 为先。

4. ＿＿＿＿＿＿ 态度是基础。

五、看图说话。Picture descriptions

小A在淘宝上开了一家网店，她去一家小商品批发市场买饰品。看下面四幅图，说一说小A的经营过程。

六、情景会话。Situational conversations

1. 角色扮演。Role play

角色1：**网上店铺老板小丽**

角色2：**朋友小赵**

任务　小赵想在网上开一家店铺，她的朋友小丽的网上店铺经营得很好，她向小丽请教怎么经营网上店铺。

小赵和小丽在一家茶馆喝茶，桌子上有一个笔记本电脑……

2. 两个好朋友都在经营网络店铺，他们正在讨论网上开店成功和失败的经验。

七、 讨论。Discussion

1. 网上开店需要注意哪些问题?

2. 你对网上开店有什么看法? 如果有机会,你会在网上开店吗?

读写练习 Reading and writing exercises

一、选词填空。Fill in the blanks with the most proper words.

秘诀	人气	货源	潮流
承担	本来	诚信	

1. 他 _____ 打算先在这家公司工作几年,再开办自己的公司。

2. 在网上开店 _____ 很重要,商品既要有特色,又要物美价廉。

3. 请你谈谈网上购物有什么 _____,需要注意哪些方面。

4. 这家网店东西好,又讲 _____,很快就有了人气。

5. 网上购物方便、实惠,必然会成为人们购物的 _____。

6. 这家网上小店商品款式新、质量好,_____ 越来越旺。

7. 我从网上购到的手机明显不是正品,这个损失得由卖家 _____。

二、词语连线。Match the words.

1. 照看   a. 充足

2. 经营   b. 孩子

3. 送货   c. 店铺

4. 货源   d. 邮费

5. 承担   e. 上门

三、选择正确答案。Choose the correct answers.

1. 一般外企的工作 _____ 很大。   (　　)

    A. 时间   B. 薪水   C. 强度   D. 内容

2. 我试 _____ 上购物网站买些日常用品,觉得方便又便宜。   (　　)

    A. 了   B. 着   C. 好   D. 到

3. 这个店里的商品 _____ 漂亮 _____ 便宜。　　（　）

 A. 既……又……   B. 又……和……

 C. 只要……就……   D. 如果……就……

4. 昨天我看到一 _____ 漂亮的手机。　　（　）

 A. 只   B. 枚   C. 件   D. 款

5. 她的衣服都很有 _____ 。　　（　）

 A. 特征 B. 特色 C. 特质 D. 特别

6. 这件事 _____ 公司负责。　　（　）

 A. 被   B. 给   C. 由   D. 按

四、用所给词语完成句子。Complete the sentences with the given words.

1. _____ ，可是天气不太好。　（本来）

2. 我很喜欢吃中国菜，_____ 。（比如……什么的）

3. 只有努力工作，才能 _____ 。（成为）

4. 这项工作必须 _____ 。（之内）

5. 这项任务 _____ 。（由）

6. _____ ，后来在上海找到了工作。（最初）

五、写作。Writing

你公司看中了一家网店销售的皮钱包，特向这家网店去函订购。请你写一份订购函。

订购函是在买卖双方经过反复协商达成一致的情况下，买方按双方谈妥的条件向卖方订购货物时所用的信函。订购函正文主要包括商品名称、牌号、规格、数量、价格、结算方式、交货日期、交货地点、运输方式、运输保险等内容。

订购函参考例文：

订购函

华泰公司：

 贵公司2012年1月6日的报价单收悉，谢谢。贵方报价较合理，特订购下列货物：

 ESCL 冰箱5 台   单价1200 元 总计6000 元

 ECDL冰箱5 台   单价1100 元 总计5500 元

 ESEL 冰箱5 台   单价1000 元 总计5000 元

 ECCL 冰箱5 台   单价800 元 总计4000 元

结算方式：转账支票

交货地点：大连港口

交货日期：2012年2月20日前

请准时运达货物。我方接到贵方装运函后，将立即开具转账支票。

请给予办理为盼。

银河发展有限公司

2012年1月10日

副课文
Further reading

网购高手孙雯雯

随着社会的发展，网购已成为一种受欢迎的购物方式。物美价廉、快速便捷，已成为网络高手的最佳购物理由。小到CD、饰品，大到家具、家电，只要能想到的东西，基本上都可以在网络商店中找到。到底怎样网购才是理性而高效的呢？我们来看一下网购高手孙雯雯的网购历程。

孙雯雯，24岁，她能以低于市场价约60%的价格买到喜欢的衣服，并且能保证收到的是真货。

一次出差的经历，让雯雯开始了网购生活。她与同事到上海出差，回来之前买了许多肉脯，每斤75块钱，背回北京很沉。与亲人朋友分享之后，觉得很好吃，就想再买，于是就到网络上查找，结果以每斤70元的价格买到了同样的肉脯。

从此，她开始频繁地上网购物。有一次，她在一家上海的网店买了一条品牌裤子，150元。过了几天，她和朋友逛街，发现同样货号的裤子竟然标价400元。

雯雯经常帮亲人朋友网购，大家挑好东西后把现金给她。她就用自

已的"支付宝"账号购买。单位同事和全家人需要的东西几乎都是
她上网购买的。雯雯说："这样做的好处非常多，因为频繁购买东
西会让我的信用级别上升，也会有更多的卖家愿意与我合作。"

生词 New words

序号	简体	繁体	拼音	词性	英文释义
1.	高手	高手	gāoshǒu	n.	master-hand
2.	快速	快速	kuàisù	adj.	fast
3.	最佳	最佳	zuìjiā	adj.	the best
4.	理由	理由	lǐyóu	n.	reason
5.	理性	理性	lǐxìng	n.	rationality
6.	而	而	ér	conj.	but
7.	高效	高效	gāoxiào	adj.	efficient
8.	历程	歷程	lìchéng	n.	course
9.	市场价	市場價	shìchǎngjià	NP	market price
10.	保证	保證	bǎozhèng	v.	guarantee
11.	真货	真貨	zhēnhuò	n.	genuine article
12.	肉脯	肉脯	ròufǔ	n.	dried meat slice
13.	沉	沉	chén	adj.	heavy
14.	分享	分享	fēnxiǎng	v.	share
15.	从此	從此	cóngcǐ	adv.	from this time on
16.	频繁	頻繁	pínfán	adj.	frequent
17.	同样	同樣	tóngyàng	adj.	same
18.	货号	貨號	huòhào	n.	article number
19.	标价	標價	biāojià	n.	tag price
20.	账号	賬號	zhànghào	n.	account number
21.	信用	信用	xìnyòng	n.	credit
22.	级别	級別	jíbié	n.	rank
23.	上升	上升	shàngshēng	v.	rise

专有名词 Proper noun

序号	简体	繁体	拼音	英文释义
1.	支付宝	支付寶	Zhīfùbǎo	Alipay

练 习　**Exercises**

一、根据课文内容选择正确答案。Choose the correct answers according to the text.

1. 这篇文章的主要内容是什么？　　　　　　　　　　　　（　　）

   A. 网上的商品物美价廉　　　　　　B. 网购方便快捷

   C. 如何成为网购高手　　　　　　　D. 网购是受欢迎的购物方式

2. 根据课文内容，下面哪一项是正确的？　　　　　　　　（　　）

   A. 网上的商品都低于市场价格　　　B. 网上的商品都是货真价实的

   C. 买家的信用级别对网购没有影响　D. 购物次数多能使买家信用级别上升

3. 关于雯雯的第一次网购，下面哪一项说法正确？　　　　（　　）

   A. 雯雯从上海到北京出差　　　　　B. 雯雯在上海买了一条品牌裤子

   C. 雯雯把肉脯寄回了北京　　　　　D. 雯雯在网上买到了便宜的肉脯

4. 雯雯网购如何付款？　　　　　　　　　　　　　　　　（　　）

   A. 支付宝　　　　　　　　　　　　B. 现金

   C. 信用卡　　　　　　　　　　　　D. 没有说

5. 根据课文内容，下列哪一项是成为网购高手的条件之一？　（　　）

   A. 总是挑选便宜的商品　　　　　　B. 提高自己的信用级别

   C. 和卖家成为朋友　　　　　　　　D. 不买品牌的东西

二、选择正确答案。Choose the correct answers.

1. 你还没告诉我你 _____ 去不去。　　　　　　　　　（　　）

   A. 到底　　　B. 终于　　　C. 终究　　　D. 竟然

2. 他为人热情 _____ 随和。　　　　　　　　　　　　（　　）

   A. 但　　　　B. 而　　　　C. 和　　　　D. 却

3. 我们公司要 _____ 全新的形象面向世界。　　　　　　　（　　）

    A．被　　　　　　B．按　　　　　　C．以　　　　　　D．把

4. 他 _____ 找遍了这里的店铺，但还是没找到那种饰品。（　　）

    A．差点儿没　　B．完全　　　　C．差一点儿　D．几乎

5. 我们可以 _____ 按时生产出这些产品。　　　　　　　　（　　）

    A．保障　　　　　B．保证　　　　　C．保卫　　　　　D．保护

三、选词填空。Fill in the blanks with the most proper words.

同样	高手	频繁	快速	上升
保证	最佳	分享	高效	理由

1. 找到喜欢的商品就要 _____ 买下来。

2. 她是讨价还价的 _____。

3. 我们要找到一种 _____ 的付款方式。

4. 物美价廉是大多数人网上购物最重要的 _____。

5. 网络购物应该理性而 _____。

6. 我 _____ 您一定会买到正品。

7. 我总是喜欢和朋友 _____ 好的工作经验。

8. _____ 地换工作对个人的事业发展没有好处。

9. 在商店里能买到的东西，在网上也 _____ 能买到。

10. 她的网络店铺人气一直在 _____。

四、讨论。Discussion

1. 请调查一下在淘宝网上有几种付款方式，你认为哪一种比较好？为什么？

2. 什么是"支付宝"，在你们国家的网购中是否有和支付宝相似的付款方式？

导读 ▶ **Warm-up**

▶ 什么是电子商务?

▶ 电子商务在中国是什么时候兴起的?

▶ 你对世界电子商务的发展有什么期待?

第三单元　电子商务

第六课　中国的电子商务

核心句　Key sentences

▶ 电子商务作为新的商业模式出现,给低迷的全球经济带来了活力。

As a brand new business model, electronic commerce has brought great vigor to the sluggish global economy.

▶ 2000年出现的网络泡沫,对很多电子商务企业和互联网企业都是非常大的考验,很多企业甚至退出了市场。

Internet bubble in 2000 has been an ordeal to many electronic commerce enterprises and Internet enterprises. Many have even exited the markets.

▶ 从那以后,无论在B2B领域、B2C 领域,还是在C2C领域,竞争都越来越激烈了。

From then on, the competition has become increasingly fierce no matter in B2B, B2C, or in C2C.

▶ 除此以外,从2004年到2007年,电子商务的发展还出现了B2B和C2C界限逐渐模糊的情况。

Besides, from 2004 to 2007, in the development of e-commerce, there has been a blurring between B2B and C2C.

▶ 2007年阿里巴巴上市,标志着投资者对电子商务的认可。

The listing of Alibaba in 2007 marked investors' recognition of e-commerce.

主课文
Text

中国的电子商务

主持人：傅先生，作为中国互联网协会互联网数据中心的主任，您能跟我们聊聊中国电子商务起步和发展的情况吗？

傅先生：很荣幸！20世纪90年代，电子商务作为新的商业模式出现，给低迷的全球经济带来了活力。我国的电子商务也是从那时开始的。当时在B2C的领域，诞生了携程网、当当网和阿里巴巴网。1999年，在C2C领域，第一个电子商务网站——易趣网——诞生了。IT企业的电子商务也在1999年开始起步。

主持人：2000年出现的网络泡沫，对很多电子商务企业和互联网企业都是非常大的考验，很多企业甚至退出了市场。

傅先生：是的。但是在以后的三年中，出现了各个领域的合作。邮政体系、物流配送体系也已经正式跟商业网站进行合作了。

主持人：我记得淘宝网也是在那时候成立的。

傅先生：没错。2003年，淘宝成立时宣布全站开店免费，这使淘宝快速地进入了市场。

主持人：从那以后，无论在B2B领域、B2C 领域，还是在C2C领域，竞争都越来越激烈了。

傅先生：是的。除此以外，从2004年到2007年，电子商务的发展还出现了B2B和C2C界限逐渐模糊的情况。2007年阿里巴巴上市，标志着投资者对电子商务的认可。

主持人：2008年我国的电子商务有什么最新动态？

傅先生：2008年，B2C领域开始进一步细分，不仅仅是图书、音像产品，包括鞋子、帽子等都有专业的B2C领域。我们相信，中国电子商务的未来会更加美好！

课前预习 | **Preview**

根据课文内容选择正确答案。Choose the correct answers according to the text.

1. 第一个电子商务网站——易趣网——什么时候诞生的？ （　　）
   A．1998年　　　B．1999年　　　C．2000年　　　D．2003年

2. IT企业的电子商务在什么时候开始的？ （　　）
   A．1998年　　　B．1999年　　　C．2000年　　　D．2003年

3. 邮政、物流配送体系可能是在什么时候开始跟商业网站进行合作的？ （　　）
   A．1999年　　　B．2003年　　　C．2004年　　　D．2007年

4. 投资者对电子商务认可的标志是什么？ （　　）
   A．淘宝网的成立及全站开店免费　B．B2B和C2C界限逐渐模糊
   C．阿里巴巴上市　　　　　　　　D．B2C领域开始进一步细分

5. 最近几年我国的电子商务有什么最新动态？ （　　）
   A．很多产品都有专业的B2C领域　B．出现了B2B和C2C界限逐渐模糊的情况
   C．B2C领域开始进一步细分　　　D．A、B、C三项

生 词 | **New words**

序号	简体	繁体	拼音	词性	英文释义
1.	电子	電子	diànzǐ	*n.*	electron
2.	起步	起步	qǐbù	*v.*	start
3.	模式	模式	móshì	*n.*	pattern
4.	低迷	低迷	dīmí	*adj.*	sluggish
5.	全球	全球	quánqiú	*n.*	the whole world
6.	活力	活力	huólì	*n.*	vigor
7.	当时	當時	dāngshí	*n.*	then
8.	领域	領域	lǐngyù	*n.*	field
9.	诞生	誕生	dànshēng	*v.*	be born
10.	泡沫	泡沫	pàomò	*n.*	bubble

序号	简体	繁体	拼音	词性	英文释义
11.	考验	考驗	kǎoyàn	*v.*	test
12.	邮政	郵政	yóuzhèng	*n.*	post
13.	体系	體系	tǐxì	*n.*	system
14.	物流	物流	wùliú	*n.*	logistics
15.	配送	配送	pèisòng	*v.*	distribute
16.	正式	正式	zhèngshì	*adj.*	formal
17.	宣布	宣布	xuānbù	*v.*	declare
18.	激烈	激烈	jīliè	*adj.*	fierce
19.	除此以外	除此以外	chúcǐyǐwài	*idiom.*	besides
20.	界限	界限	jièxiàn	*n.*	boundary
21.	逐渐	逐渐	zhújiàn	*adv.*	gradually
22.	模糊	模糊	móhu	*adj.*	vague
23.	上市	上市	shàngshì	*v.*	be listed
24.	动态	動態	dòngtài	*n.*	dynamic state
25.	细分	細分	xìfēn	*v.*	subdivide

专有名词 Proper nouns

序号	简体	繁体	拼音	英文释义
1.	B2C			Business-to-Customer
2.	携程网	攜程網	Xiéchéng Wǎng	CTRIP
3.	当当网	當當網	Dāngdāng Wǎng	Dangdang
4.	阿里巴巴	阿裏巴巴	Ālǐbābā	Alibaba
5.	C2C			Customer-to-Customer
6.	易趣网	易趣網	Yìqù Wǎng	Eachnet
7.	B2B			Business-to-Business

语言点 Language points

1 给……带来了活力

原文：1998年，电子商务作为新的商业模式出现，给低迷的全球经济带来了活力。

用法：使人或事有了旺盛的生命力。

（1）经济的发展，给市场带来了活力。

（2）经理出台的新措施给公司带来了活力。

（3）公司里新来了几位年轻人，给公司带来了青春的活力。

2 使

原文：2003年，淘宝成立时宣布全站开店免费，这使淘宝快速地进入了市场。

用法：动词。表示让、叫，必须带兼语。

（1）中国巨大的市场使各国投资者能够分享中国发展的利益。

（2）这三年的工作经历使我收获很大。

（3）他对企业发展提出的建议使他赢得了领导的赏识。

3 无论……还是……都……

原文：从那以后，无论在B2B领域、B2C 领域，还是在C2C领域，竞争都越来越激烈了。

用法：表示在任何条件下结果或结论都不会改变。

（1）无论是经济增长过快还是增速放慢，都有可能对股市产生不利影响。

（2）无论发展中国家还是发达国家，都需要建立新的经济发展模式。

（3）无论是化妆品、时装、箱包还是酒类，无论是旗下的一线品牌还是三线品牌，他们在内地的业务现在都开展得不错。

4 除此以外……还……

原文：除此以外，从2004年到2007年，电子商务的发展还出现了B2B和C2C界限逐渐模糊的情况。

用法：在所说的之外，还有补充。"此"为代词，可替换为名词、名词短语、动词及动词短语。"除此以外"还可以和"再"、"都"等副词搭配使用。

（1）除此以外，老板还要求制定工作计划。

（2）除了和星海公司建立了长期合作关系以外，我们还和本省几家大型贸易公司有联系。

（3）晚上10点以后，除了这家店以外，其他的都关门了。

5 标志着

原文： 2007年阿里巴巴上市，标志着投资者对电子商务的认可。

用法： 表明某种特征，是用以识别的记号。后面必须带宾语，但只能是小句或抽象名词。

（1）这部动画片采用全新的EVD碟片形式，标志着全球第一部高清晰动画片光盘问世。

（2）惠普进入家电领域标志着大型高科技企业正式进入传统的家电生产领域。

（3）中国建设银行在北京推出中国首张以企事业单位为服务对象的龙卡双币商务卡，标志着该行信用卡业务自此从个人业务领域扩展到公司业务领域。

即学即用 **Language in use**

1. 请用"给……带来了活力"完成句子。Complete the sentences with "给……带来了活力".

（1）奥运会的成功举行_____。

（2）旅游业的迅速发展_____。

（3）管理体制的改革_____。

2. 请用"使"完成句子。Complete the sentences with "使".

（1）原料价格上涨 _____。

（2）新买的设备 _____。

（3）现代科学技术的发展 _____。

3. 请用"无论……还是……都……"完成句子。Complete the sentences with "无论……还是……都……".

（1）作为一个跨国公司，_____，其标准都是国际化的。

（2）国内第三产业发展迅速，_____，近年来都以超过20%的速度增长。

（3）我们生产的西服，_____，都受到世界各国消费者的称赞。

4. 请用"除了……以外……还……"完成句子或对话。Complete the sentences or conversations with "除了……以外……还……".

（1）我公司旗下_____。

（2）A：你去过哪些国家？

　　B：_____。

（3）一家成功的公司_____。

5. 请用"标志着"完成句子。Complete the sentences with "标志着".

（1）中国合资企业发展迅速，_____。

（2）能够在产品包装上使用"3.15"标志，_____。

（3）网上购物的兴起，_____。

综合练习　Integrated exercises

听说练习　Listening and speaking exercises

一、根据听到的句子和它的三个应答，选择最恰当的应答。Choose the most proper responses according to the sentences and the three responses you hear.

1.　（　　）　　A.　　　　　　B.　　　　　　C.

2.　（　　）　　A.　　　　　　B.　　　　　　C.

3.　（　　）　　A.　　　　　　B.　　　　　　C.

4.　（　　）　　A.　　　　　　B.　　　　　　C.

5.　（　　）　　A.　　　　　　B.　　　　　　C.

6.　（　　）　　A.　　　　　　B.　　　　　　C.

二、根据听到的对话，选择最恰当的答案。Choose the most proper answers according to the conversations you hear.

1.　女的打算怎样学习英语？　　　　　　　　　　　　　（　　）

　　A.　去辅导班学习　　　　　　　　B.　在办公室自学

　　C.　通过网络视频　　　　　　　　D.　出国学习

2．女的提出什么建议？　　　　　　　　　　　　　　　　　　　　（　　　）

    A．在商店订购　　　　　　　　　　　B．在网上订购

    C．找朋友商量　　　　　　　　　　　D．等便宜了再买

3．关于电子商务，下面哪一项没有提到？　　　　　　　　　　　（　　　）

    A．电子商务将遇到极大的挑战　　　　B．电子商务是一个新兴的渠道

    C．未来很美好，但需要冷静　　　　　D．未来社会化分工一定会越来越细

4．下面哪个网站没有提到？　　　　　　　　　　　　　　　　　（　　　）

    A．当当网　　　　　B．京东网　　　　　C．亚马逊网　　　　　D．淘宝网

5．他们在讨论什么？　　　　　　　　　　　　　　　　　　　　（　　　）

    A．发达国家的发展　　　　　　　　　B．优秀的电子商务网站

    C．中国与先进国家的差距　　　　　　D．中国电子商务的发展

6．下面哪一项没有提到？　　　　　　　　　　　　　　　　　　（　　　）

    A．"网上购物"起源于20世纪90年代　　B．采用商铺销售和网络销售

    C．沃尔玛已建立了自己的网页　　　　D．沃尔玛不再采用商铺销售

三、根据听到的两段话，选择正确答案。Choose the correct answers according to the two paragraphs you hear.

1~3题

1．于刚认为现在哪个行业发展比较快？　　　　　　　　　　　　（　　　）

    A．服务业　　　　　B．零售业　　　　　C．IT业　　　　　D．电子商务

2．关于于刚，下面哪一项是错误的？　　　　　　　　　　　　　（　　　）

    A．原世界500强高管　　　　　　　　B．原戴尔全球采购副总裁

    C．对电子商务行业充满信心　　　　　D．亚马逊公司高管

3．以下哪一项中国超过美国？　　　　　　　　　　　　　　　　（　　　）

    A．网民总数　　　　B．网购人数　　　　C．年均网购消费额　　D．消费总量

4~6题

4．关于中国的电子商务，下面哪一项没有提及？　　　　　　　　（　　　）

    A．2005年我国电子商务交易额达7400亿元

    B．企业网商的网上交易额增长为16.62%

    C．预计2007年中国网商交易额将突破13000亿元

D．2004年中国大约有400万网商

5．在B2C方面，2006年京沪穗大约有多少人在易趣网上购物？　　　（　　）

　　A．290万人　　　　B．九十余万人　　C．80万人　　　　D．30万人

6．在C2C方面，哪个网站是整个亚洲商品规模最大的网上购物平台？　（　　）

　　A．淘宝网　　　　B．亚马逊网　　　C．易趣网　　　　D．拍拍网

四、根据听到的内容填空。Listen to the recording and fill in the blanks.

1．不少品牌商家纷纷开出B2C _____ 来抢占网购市场。

2．目前的网购市场依然是 _____ 占主体。

3．在C2C购物网站中，淘宝占据了近97.6%的市场 _____。

4．网购用户支出主要集中在服装配饰、护理美容、消费电子及家居家装这四大 _____ 的产品上。

5．中美两国 _____ 配饰类的交易额非常接近。

6．美国在图书和 _____ 上的花费比例远远高于中国。

五、看图说话。Picture descriptions

看下面四幅图，说一说刘丽在网上购买外套的过程。

1

2

3

4

六、情景会话。Situational conversation

角色扮演。Role play

角色1：顾客王华　　　角色2：店主

王华打算在网上买一部照相机，通过搜索、选择、比较后，决定在一家名叫"开心"的店中买照相机。于是他向卖家询问具体的情况。

（1）是否是真货？

（2）通过什么方式送货？

（3）如果对邮来的商品不满意怎么办？

七、讨论。Discussion

你在网上买过东西吗？有什么样的体会？

读写练习 Reading and writing exercises

一、选词填空。Fill in the blanks with the most proper words.

配送	起步	模式	逐渐	细分
宣布	界限	领域	诞生	动态

1. 该公司日前 _____，将力争在2013年之前实现在华汽车年产量200万辆的目标。

2. 全国营销区域将由过去的7大区 _____ 为18个区。

3. 计算机、通讯、消费类电子产品很难划清一个明显的 _____。

4. 私家车数量在北京高速增长，自驾车旅游将在随后的几年里 _____ 兴起。

5. 总部应实行"_____ 中心制"，对所有商品实行统一仓储管理和规范化管理。

6. 据了解，手机电视在国际上已有一定规模，但在中国尚处 _____ 阶段。

7. 该公司引进国际先进的保险技术理念，采取多渠道营销 _____。

8. 近期，一些新型的外资会展公司和广告公司在沪 _____。

9. 公司将大幅减少传统照相机生产投资，全力转向数码相机 _____。

10. 企业要以 _____ 的眼光看市场，只有这样，才能立于不败之地。

二、词语连线。Match the words.

1. 起步		a. 健全
2. 正式		b. 合作
3. 体系		c. 活力
4. 带来		d. 市场
5. 退出		e. 晚

三、选择正确答案。Choose the correct answers.

1. 该行资产总额达7万亿人民币，是 _____ 全球第三大商业银行。（   ）

   A. 这时   B. 当时   C. 以前   D. 之前

2. 该公司成功的重要经验是，从 _____ 之日起，始终坚持质量第一。（   ）

   A. 诞生   B. 产生   C. 发生   D. 出生

3. 美国 _____ 在经济实力上， _____ 在科技能力上，在世界上都是
   无比的。   （   ）

   A. 虽然……但是……   B. 不仅……也……

   C. 无论……还是……   D. 尽管……也……

4. 产品质量是否过硬，得经过时间的 _____。   （   ）

   A. 检查   B. 考验   C. 体验   D. 实验

5. 该系列产品已经得到了客户的广泛 _____，拥有的用户数量超过1500万。（   ）

   A. 承认   B. 同意   C. 准许   D. 认可

四、用所给词语完成句子。Complete the sentences with the given words.

1. 经济危机 _____。（给……带来了……）

2. _____，都会受到影响。（无论……还是……）

3. 除了到这家公司面试外，我 _____。（还）

4. 合并后的新公司无论是技术实力还是经济实力 _____。 （都）

5. 本届北京国际车展的规划、档次、参观人数等 _____。（标志着）

6. 公司的快速发展 _____。 （使）

五、写作。Writing

下图是2006—2011年亚太地区B2C电子商务市场规模情况表。

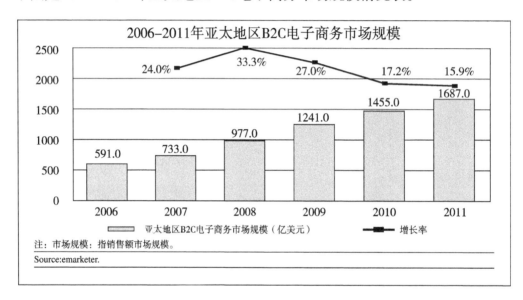

请根据图表写一段话，应包含以下两个方面的内容：

1. 说明2006—2011年亚太地区B2C电子商务市场规模情况。

2. 对上述情况简单分析原因。

副课文
Further reading

未来的电子商务

现在在中国，互联网上网人数已超过5亿，但利用PC开展电子商务的人还不多。因为互联网的安全问题还没有完全解决，不少用户对电子商务不够信任；并且PC携带不方便，大大影响了电子商务的发展。

手机的长处却可以弥补PC的不足。现在在中国，手机用户已经达到10亿左右，而且手机体积小，使用方便，用户每天都会随身携带。移动通信网与互联网不同，它是一个可管理的层级网，用户是谁，在什么地方，在做什么，做过什么，都可以进行管理，都可以控制，费用的支付也更加安全、方便。

手机的问题是：屏幕大了，携带不方便；屏幕小了，又看不太清楚。如何解决手机的便携性与可用性的矛盾，是新一代手机要完成的课题。

无论如何，手机在开展电子商务方面要比PC更加方便、安全。未来的电子商务是PC机和手机的结合，PC机是查询信息的平台，手机则用来完成购买行为。如果能够实现这样的结合，电子商务的"井喷"时代也就到来了。

生　词　New words

序号	简体	繁体	拼音	词性	英文释义
1.	开展	開展	kāizhǎn	v.	carry out, launch
2.	携带	攜帶	xiédài	v.	carry
3.	长处	長處	chángchù	n.	strong points
4.	弥补	彌補	míbǔ	v.	make up
5.	不足	不足	bùzú	n.	deficiency
6.	体积	體積	tǐjī	n.	volume
7.	随身	隨身	suíshēn	adj.	(take) with one
8.	层级	層級	céngjí	n.	hierarchy
9.	控制	控制	kòngzhì	v.	control
10.	便携	便攜	biànxié	adj.	portable
11.	矛盾	矛盾	máodùn	n.	contradiction
12.	新一代	新一代	xīnyīdài	NP	new generation
13.	课题	課題	kètí	n.	a question for study or discussion

序号	简体	繁体	拼音	词性	英文释义
14.	结合	結合	jiéhé	*v.*	combine
15.	查询	查詢	cháxún	*v.*	inquire about
16.	平台	平台	píngtái	*n.*	platform
17.	则	則	zé	*conj.*	however
18.	井喷	井噴	jǐngpēn	*v.*	blow out
19.	时代	時代	shídài	*n.*	times

专有名词 Proper noun

序号	简体	繁体	拼音	英文释义
1.	移动通信网	移動通信網	Yídòng Tōngxìn Wǎng	MSCBSC

练习　Exercises

一、根据课文内容回答问题。Answer the questions according to the text.

1. 现在互联网电子商务流行吗？
2. 电子商务为什么发展缓慢？
3. 与PC相比，手机有什么好处？
4. 手机有什么不足之处吗？
5. 新一代手机要完成的课题是什么？
6. 电子商务怎样才能实现快速发展？

二、选择合适的关联词语。Choose proper linking words.

1. 这家公司成立时间不长，_____ 很受顾客欢迎。　　　　　　（　　）
   A．而且　　　　B．而　　　　C．但　　　　D．并且

2. 该系列产品虽然价格稍高，销路 _____ 很好。　　　　　　（　　）
   A．才　　　　B．却　　　　C．反正　　　　D．但是

3. 最近 _____ 公司很忙，我一直没时间去看朋友。　　　　　　（　　）
   A．所以　　　　B．既然　　　　C．因为　　　　D．原因

4. _____ 你工作不努力，就很难有晋升的机会。　　　　　　（　　）
   A．如果　　　　B．无论　　　　C．除非　　　　D．假设

5. 该公司的市场份额从31.5%下降到16.9%，另外一家公司的市场份额 ＿＿＿＿＿＿
   从9.7%上升到了20.5%。　　　　　　　　　　　　　　　　　（　　）

   A．又　　　　　　B．再　　　　　　C．也　　　　　　D．则

三、选词填空。Fill in the blanks with the most proper words.

开展	长处	弥补	体积
矛盾	控制	时代	

1. 这个沙发 ＿＿＿＿＿＿ 太大，无法搬进办公室。

2. 该国际比赛今年是首次举办，出于安全考虑，观众规模要 ＿＿＿＿＿＿ 在15
   万名左右。

3. 他利用自己社会联系广泛的 ＿＿＿＿＿＿，努力开拓业务。

4. 由于我们的疏忽给贵公司带来的损失，我们会尽力 ＿＿＿＿＿＿。

5. 只有先处理好企业内部的各项 ＿＿＿＿＿＿，才有利于企业的长远发展。

6. 据统计2003年，约有34%的加拿大公司拥有自己的网站，但只有7%的公司
   ＿＿＿＿＿＿ 电子商务。

7. 在信息爆炸的 ＿＿＿＿＿＿，两年不学习，人才就可能变成蠢材。

四、讨论。Discussion

1. 两人为一个小组，说说日常生活中手机的用途。
2. 请在互联网上搜索一下目前电子商务的使用领域。

导读 ▶ Warm-up

▶ 如果你们公司生产的空调还有占总产量一半的库存，你认为这代表了什么?

▶ 你认为空调的库存量会和品牌有关系吗?

第四单元　物流管理

第七课　高位库存

核心句 Key sentences

▶ 库存占了总产量的一半, 这无论如何也不能说是业绩不错。

If inventory accounts for half of the total production, it is not good performance in any case.

▶ 大量的库存给空调业带来了很大的风险。

A big inventory has created big risk to air-conditioner industry.

▶ 原因其实很简单。

In fact, the reason is simple.

▶ 您怎么看这种库存差别呢?

How do you see the difference in inventory?

▶ 因为库存量越大, 企业的压力也就越大。

The bigger the inventory is, the greater the pressure on a company will be.

高位库存

（某报社记者就"空调高位库存"现象采访了专家罗先生。）

记　者：今年空调行业业绩不错，库存却高达1500万台。您怎么解释这个现象？

罗先生：一个行业，库存占了总产量的一半，这无论如何也不能说是业绩不错。1500万台的库存说明空调业已经到了高危期。

记　者：为什么说已经到了高危期呢？

罗先生：大量的库存给空调业带来了很大的风险。一是技术贬值，一旦有新技术出现，库存产品就会出现技术贬值；二是成本贬值，原材料价格下跌，会降低新产品的生产成本。这些都会给企业造成很大的损失。

记　者：最近听说有空调经销商"蒸发"了，这在空调零售业是非常少见的。这是什么原因呢？

罗先生：原因其实很简单，空调的经销商一般都是个体户，或者是规模不大的小企业，他们大多通过银行贷款来经销空调，但直到八月份还有很多空调没有卖出去，无法归还银行贷款，这是经销商潜逃的主要原因。

记　者：今年空调业的库存量确实很大，但数据显示，空调品牌的库存量存在着很大的差异，"格力"和"美的"的库存量分别为471.34万台和320.34万台，而"海尔"的库存量仅为23.2万台。您怎么看这种库存差别呢？

罗先生：这表明企业发展战略出现了分化，与"格力"、"美的"相比，"海尔"选择了一条看起来很保守却相对安全的发展道路。因为库存量越大，企业的压力也就越大。

原因其实很简单……

课前预习 Preview

根据课文内容选择正确答案。Choose the correct answers according to the text.

1. 哪一项不是今年空调行业的真实情况？ （　　）
   A. 业绩不错　　B. 风险很大　　C. 库存量高　　D. 到了高危期

2. 为什么说空调行业已经到了高危期？ （　　）
   A. 技术贬值　　B. 成本贬值　　C. 库存量高　　D. 风险不大

3. 文中"蒸发"一词是什么意思？ （　　）
   A. 空调消失了　B. 库存消失了　C. 厂商消失了　D. 经销商消失了

4. 经销商潜逃的主要原因是什么？ （　　）
   A. 无法归还贷款　　　　　　B. 客户比较少
   C. 通过银行贷款　　　　　　D. 规模比较小

5. 与"格力"、"美的"相比，"海尔"的库存量很低。这是因为： （　　）
   A. 企业生产规模不同　　　　B. 企业发展战略不同
   C. 产品销售数量不同　　　　D. 产品生产质量不同

生　词　New words

序号	简体	繁体	拼音	词性	英文释义
1.	高位	高位	gāowèi	n.	altitude
2.	库存	庫存	kùcún	n.	inventory
3.	就	就	jiù	prep.	with regard to
4.	现象	現象	xiànxiàng	n.	phenomenon
5.	采访	采訪	cǎifǎng	v.	have an interview with
6.	业绩	業績	yèjì	n.	outstanding achievement
7.	解释	解釋	jiěshì	v.	explain
8.	高危期	高危期	gāowēiqī	NP	high-risk period
9.	风险	風險	fēngxiǎn	n.	risk

序号	简体	繁体	拼音	词性	英文释义
10.	技术	技術	jìshù	*n.*	technology
11.	贬值	貶值	biǎnzhí	*v.*	devaluate
12.	一旦	一旦	yīdàn	*adv.*	in case
13.	成本	成本	chéngběn	*n.*	cost
14.	原材料	原材料	yuáncáiliào	*n.*	raw material
15.	下跌	下跌	xiàdiē	*v.*	fall
16.	经销商	經銷商	jīngxiāoshāng	*NP*	distributor
17.	蒸发	蒸發	zhēngfā	*v.*	evaporate
18.	个体户	個體户	gètǐhù	*n.*	self-employed entrepreneur
19.	归还	歸還	guīhuán	*v.*	return
20.	潜逃	潜逃	qiántáo	*v.*	abscond
21.	存在	存在	cúnzài	*v.*	exist
22.	差异	差異	chāyì	*n.*	difference
23.	分别	分别	fēnbié	*adv.*	respectively
24.	表明	表明	biǎomíng	*v.*	manifest
25.	战略	戰略	zhànlüè	*n.*	strategy
26.	分化	分化	fēnhuà	*v.*	differentiate
27.	保守	保守	bǎoshǒu	*adj.*	conservative
28.	相对	相對	xiāngduì	*adj.*	relative

语言点　**Language points**

1

就……+动词+……

原文：某报社记者就"空调高位库存"现象采访了专家罗先生。

用法：表示针对某问题或现象作某种处理。

（1）昨天的会上，大家就这个问题进行了热烈的讨论。

（2）王经理就目前空调的销售情况发表了自己的看法。

（3）记者就水资源问题采访了有关部门负责人。

2 高达

原文：今年空调行业业绩不错，库存却高达1500万台。

用法：指情况或现象达到了很高的程度，后接数量词。

（1）上海的东方明珠高达468米，是亚洲有名的电视塔。

（2）在北京，夏天的气温有时高达40摄氏度，非常热。

（3）那家公司的债务已经高达7000万元，快要破产了。

3 一旦……（就）……

原文：一旦有新技术出现，库存产品就会出现技术贬值。

用法：如果某种情况出现，那么就会产生某一结果。

（1）这么多空调一旦卖不出去，我们的麻烦可就大了。

（2）公司制度一旦失去约束力，想重新再改进，就要费一番苦心了。

（3）他们公司一旦发生问题，我们公司迟早也会受到牵连。

4 与……相比

原文：与"格力"、"美的"相比，"海尔"选择了一条看起来很保守却相对安全的发展道路。

用法：表示与某个事物比较。

（1）与刚来中国的时候相比，他的汉语水平有了很大提高。

（2）与那家饭店相比，这家饭店的菜又便宜又好吃。

（3）与去年同期相比，产品的销售量增加了一倍。

即学即用 Language in use

① 请根据下列情况用"就……+动词+……"造句。Make sentences with "就……+动词+……" according to the given situations.

（1）（现在大学生就业难）_____。

（2）（如何保护环境）_____。

（3）（公司的产品还有大量库存）_____。

② 请用"高达"完成句子。Complete the sentences with "高达".

（1）火车的行驶速度越来越快，时速可以_____。

（2）虽然这是一家小公司，但是仅去年的利润就 _____ 。

（3）就是这样一本书，定价却 _____ 。

3. 请根据下列情况用"一旦……（就）……"造句。Make sentences with "一旦……（就）……" according to the given situations.

（1）（水资源缺乏）_____ 。

（2）（爸爸找不到工作）_____ 。

（3）（发生金融危机）_____ 。

4. 请根据下列情况用"与……相比"造句。Make sentences with "与……相比" according to the given situations.

（1）（大城市人多，小城市人少，选择居住的地方）

_____ 。

（2）（发达国家与发展中国家，人们的生活水平）

_____ 。

（3）（火车与飞机比较速度）

_____ 。

综合练习　**Integrated exercises**

听说练习 Listening and speaking exercises

一、根据听到的句子和它的三个应答，选择最恰当的应答。Choose the most proper responses according to the sentences and the three responses you hear.

1. （　　）　　A.　　　　B.　　　　C.

2. （　　）　　A.　　　　B.　　　　C.

3. （　　）　　A.　　　　B.　　　　C.

4. （　　）　　A.　　　　B.　　　　C.

5. （　　）　　A.　　　　B.　　　　C.

6. （　　）　　A.　　　　B.　　　　C.

二、根据听到的对话或讲话，选择最恰当的答案。Choose the most proper answers according to the conversations or speeches you hear.

1. 下面哪一项是物流公司要做的工作？　　　　　　　　　　　　（　　）

    A. 产品服务　　　B. 仓储服务　　　C. 批发商品　　　D. 销售商品

2. "海峡两岸暨港澳经济合作与发展大会"讨论的主要问题是什么？（　　）

    A. 经济合作　　　B. 市场需求　　　C. 物流产业　　　D. 其他产业

3. 男的主要观点是什么？　　　　　　　　　　　　　　　　　　（　　）

    A. 一定要坚持零库存　　　　　　B. 库存有点儿就有点儿吧

    C. 要提高销售收入　　　　　　　D. 金融危机时货不好卖

4. 物流行业面临的挑战是什么？　　　　　　　　　　　　　　　（　　）

    A. 如何改造自己　　　　　　　　B. 如何运用新技术

    C. 如何得到互联网的服务　　　　D. 如何为互联网服务

5. 关于顺发网，下面哪一项不正确？　　　　　　　　　　　　　（　　）

    A. 是新型物流公司　　　　　　　B. 提供一站式服务

    C. 在北京有运营中心　　　　　　D. 约有1000家客户

6. 关于海尔应对金融危机的准备，下面哪一项没提到？　　　　　（　　）

    A. 产品创新　　　　　　　　　　B. 商业模式创新

    C. 机制创新　　　　　　　　　　D. 服务创新

三、根据听到的两段话，选择正确答案。Choose the correct answers according to the two paragraphs you hear.

1~3题

1. 男方打算用哪种运输方式？　　　　　　　　　　　　　　　　（　　）

    A. 海路和铁路　　B. 空中运输　　　C. 汽车运输　　　D. 水上运输

2. 关于女方应该承担的责任，下面哪一项未提到？　　　　　　　（　　）

    A. 办理一切检疫手续和海关手续

    B. 在商定期限内完成运输任务

    C. 在装船后的3天内，用传真通知对方

    D. 进行卸货准备工作

3. 女方装船后的通知应包括什么？ （ ）

    A. 发货日期　　　B. 目的港　　　　C. 提单号码　　　D. 以上三项

4~6题

4. 海尔认为，现在企业之间的竞争是什么？ （ ）

    A. 市场竞争　　　B. 客户竞争　　　C. 产品竞争　　　D. 价格竞争

5. 传统企业根据什么进行采购？ （ ）

    A. 生产计划　　　B. 市场需求　　　C. 库存多少　　　D. 价格变化

6. 海尔是通过什么方式来实现零库存的？ （ ）

    A. 快速获取订单　　　　　　　　B. 满足客户需求

    C. 建立物流中心　　　　　　　　D. 信息化管理

四、根据听到的内容填空。Listen to the recording and fill in the blanks.

1. 试行从工厂直接到 _____ 的短渠道策略。
2. 这种商业 _____ 最大的特点就是取消仓库。
3. 海尔一般会提前 _____ 作市场预测。
4. 这种模式减少了 _____ 损失。

五、看图说话。Picture descriptions

一家生产豆浆机的公司与某商场谈判。公司销售经理先介绍豆浆机的销售和库存情况，商场经理介绍商场情况并提出40天账期的要求，最后双方达成一致。看下面四幅图，说一说这一谈判过程。

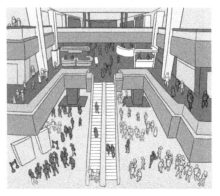

1　　　　　　　　　　　　　　2

3   4

六、情景会话。Situational conversation

> 　　A是空调经销商，B是空调生产商。为了满足消费者的需求，A要求B能提供充足的货源；而为了不造成过多的库存，B则限制空调的供应量。A和B就供货问题进行了商谈。

七、讨论。Discussion

1. 请你谈谈库存数量、库存期限与企业风险之间的关系。
2. 如何做到既减少库存，又能同时满足货物供应？

📝 读写练习 Reading and writing exercises

一、选词填空。Fill in the blanks with the most proper words.

造成	贬值	下跌	表明
显示	分别	相对	确实

1. 在谈判过程中，双方代表都 _____ 了各自的观点。
2. 我现在太累了，很想找一个 _____ 轻松一些的工作。
3. 因为改进了生产技术，这家工厂才没有 _____ 不必要的浪费。
4. 调查 _____，在上个月的招聘中，对市场、管理及财政类行政人员的需求有所上升。
5. 现在的房价 _____ 太高了，工薪阶层很难买得起。
6. 受金融危机的影响，许多国家的货币都 _____ 了。
7. 他就公司目前存在的各种问题 _____ 请教了有关专家。
8. 由于原材料价格 _____，商品的生产成本降低了。

二、词语连线。Match the words.

1. 采访   a. 独特风格

2. 解释   b. 有关专家

3. 造成   c. 银行贷款

4. 显示   d. 各自观点

5. 表明   e. 不良影响

6. 归还   f. 各种现象

三、选择正确答案。Choose the correct answers.

1. 和去年同时期 _____，今年的利润翻了一番。　　　　（　　）
   A. 相对　　　　　B. 相比　　　　　C. 相关　　　　　D. 相同

2. 在今天的谈判会上，他 _____ 双方的合作问题谈了自己的看法。（　　）
   A. 就　　　　　　B. 把　　　　　　C. 拿　　　　　　D. 对

3. 这种空调的价格很便宜，质量 _____ 也挺不错。　　　　（　　）
   A. 确实　　　　　B. 事实　　　　　C. 实在　　　　　D. 真实

4. _____ 去年，他们公司才完成了管理体制改革。　　　　（　　）
   A. 直到　　　　　B. 直接　　　　　C. 一直　　　　　D. 直达

5. 虽然就业很难，不过在朋友的帮助下，他还是找到了一份 _____ 满意
   的工作。　　　　　　　　　　　　　　　　　　　　　　　（　　）
   A. 相关　　　　　B. 相对　　　　　C. 互相　　　　　D. 相同

6. 他工作很努力，业绩 _____ 始终没有提高。　　　　　（　　）
   A. 也　　　　　　B. 但　　　　　　C. 还　　　　　　D. 却

四、用所给词语完成句子。Complete the sentences with the given words.

1. _____，是历史最高水平。　（高达）

2. _____，交通拥挤的情况就会得到改善。（一旦）

3. _____，我才明白老板的用意。　（直到）

4. 有些员工服务态度很差，_____。（造成）

5. 谈判双方正在进行热烈交谈，_____。（表明）

6. 你不要再问我了，_____。　（确实）

五、写作。Writing

以下是2011年上半年某地区消费者对空调进行投诉的情况统计表。

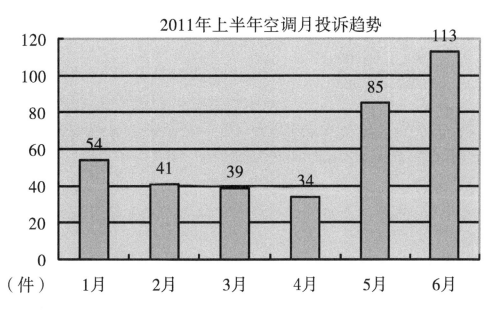

2011年上半年空调月投诉趋势

请根据图表写一段话，并包含以下两个方面的内容：

1. 说明投诉情况。
2. 简单分析原因。

副课文
Further reading

小技巧可以解决大问题

库存管理是零售企业的核心能力之一。举一个简单的例子，同样做了800万元的销售额，A企业是用600万元库存做到的，B企业是用1000万元库存做到的，那么B企业可能会因资金链断裂而倒闭。

对于如何降低库存，不同的企业有着不同的策略。上海通用汽车集团的三种车型的零部件总量有五千四百多种，相当于一个中型超市的商品数；这些零部件来自180家供应商，这也和一个大型卖场的供应商数量相当。通用集团降低库存的策略是怎样的呢？

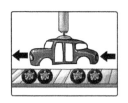

通用集团有的零件是本地供应商生产的，这些供应商会根据通用集团的生产要求和时间要求，把零件直接送到生产线上。这样，零件不进仓库，库存就减少了，因而省去了大量的资金。

但是，如果零件的用量很少，供应商就不愿意送货。在这种情况下，有的汽车制造商有自己的运输车队，有的找运输公司把零部件运送到公司。但这样做也有缺点，因为为了节省运输成本，一般要等装满一车才送货，这不仅会影响生产，而且也会造成高库存。

为了解决这个问题，通用集团采用了一种叫做"循环取货"的小技巧。他们请一家第三方物流供应商设计配送路线，每天早晨依次到不同的供应商处取货，直到装上所有的零件，再直接送到上海通用生产车间。这样，运输成本就大大降低了。

生 词　　New words

序号	简体	繁体	拼音	词性	英文释义
1.	核心	核心	héxīn	n.	core
2.	资金链	資金鏈	zījīnliàn	NP	capital chain
3.	断裂	斷裂	duànliè	v.	break
4.	倒闭	倒閉	dǎobì	v.	bankrupt
5.	策略	策略	cèlüè	n.	tactics
6.	零部件	零部件	língbùjiàn	NP	components and parts
7.	相当于	相當于	xiāngdāngyú	v.	amount to
8.	供应商	供應商	gōngyìngshāng	NP	supplier
9.	卖场	賣場	màichǎng	n.	sales field
10.	相当	相當	xiāngdāng	v.	correspond

序号	简体	繁体	拼音	词性	英文释义
11.	本地	本地	běndì	*n.*	local
12.	用量	用量	yòngliàng	*n.*	use level
13.	运输	運輸	yùnshū	*v.*	transport
14.	循环	循環	xúnhuán	*v.*	circulate
15.	第三方	第三方	dì-sānfāng	*NP*	the third party
16.	路线	路綫	lùxiàn	*n.*	route
17.	依次	依次	yīcì	*adv.*	successively

专有名词 Proper noun

序号	简体	繁体	拼音	英文释义
1.	上海通用汽车集团	上海通用汽車集團	Shànghǎi Tōngyòng Qìchē Jítuán	Shanghai GM

练 习　Exercises

一、根据课文内容选择正确答案。Choose the correct answers according to the text.

1. 零售企业的重要能力是什么？　　　　　　　　　　　　　　（　　）

A. 营销策略　　　B. 库存管理　　　C. 产品销售　　　D. 企业利润

2. 如果零部件是本地供应商生产的，那么库存会出现什么情况？（　　）

A. 增加　　　　　B. 减少　　　　　C. 不变　　　　　D. 不存在

3. 如果找运输公司运送零件，下面哪一项缺点没有提到？　　（　　）

A. 耽误时间　　　　　　　　　　B. 影响生产

C. 造成高库存　　　　　　　　　D. 增加成本

4. 课文中，"小技巧"和"大问题"分别指什么？　　　　　　（　　）

A. 循环取货、高库存　　　　　　B. 高库存、循环取货

C. 库存管理、资金断裂　　　　　D. 资金断裂、库存管理

二、选择正确答案。Choose the correct answers.

1. 现在，国际上的很多名牌服装都产 _____ 中国。 （ ）
   A. 自　　　　　B. 在　　　　　C. 从　　　　　D. 由

2. 该机型速度与波音747和777 _____ ，可连续飞行1.5万公里。 （ ）
   A. 相异　　　　B. 相对　　　　C. 相当　　　　D. 相关

3. 这样做 _____ 不能解决问题， _____ 会使问题更加复杂。 （ ）
   A. 除了……还……　　　　　　B. 如果……就……
   C. 不仅……而且……　　　　　D. 只要……就……

4. 他说话总不算数， _____ 现在没有人相信他。 （ ）
   A. 由于　　　　B. 因为　　　　C. 原因　　　　D. 因而

5. 公司 _____ 三年研发，终于成功开发出了更为先进的环保产品。（ ）
   A. 利用　　　　B. 通过　　　　C. 对于　　　　D. 以后

6. 经理 _____ 检查了各车间的情况后才离开。 （ ）
   A. 按照　　　　B. 依照　　　　C. 根据　　　　D. 依次

三、选词填空。Fill in the blanks with the most proper words.

倒闭	采用	断裂	零售
策略	用量	依次	

1. 这家企业因资金链 _____ 而拖欠员工工资。
2. 海尔空调的库存量低，是因为采取了合理的营销 _____ 。
3. 因为没有管理经验，他们公司才开一年就 _____ 了。
4. 双方在签订协议时，要 _____ 填写相关表格。
5. 随着电子产品不断向小型化方向发展，原材料的 _____ 也越来越少。
6. 他们厂 _____ 世界先进技术生产出了一款新型手机。
7. 这个小商品市场大多以 _____ 业为主。

四、讨论。Discussion

1. 请谈谈库存对零售商的影响。
2. 如果你是一个服装零售商，你将如何降低商品库存？

导读 ▶ **Warm-up**

▶ 如果你要出口商品,怎样向包装公司提出要求?

▶ 出口商品时,你会怎样选择保险种类?

▶ 你知道有哪些保险种类吗?

第四单元 物流管理

第八课 我建议您投保一切险

核心句 Key sentences

▶ 好的,我们一定会满足您的要求。

OK, we will meet your demand by all means.

▶ 我还要麻烦你们在每个包装箱上印上原产国标志。

Please print the sign of the country of origin on every packing box.

▶ 这种标志很重要,我们向来都是这么做的。

Such a mark is very important, and we have been following that practice all the time.

▶ 这批货对我们来说特别重要,不能出一点儿差错。

This shipment of goods is extremely important to us, and no mistake is allowed.

▶ 如果是贵重货物的话,我建议您投保一切险。

If valuable goods are being delivered, I propose you cover against all risks.

我建议您投保一切险

（在包装公司）

出　口　商：这批货是景德镇瓷器，
　　　　　　是易碎品，需要专门
　　　　　　的包装材料，一定要
　　　　　　防震。

包装公司：好的，我们一定会满
　　　　　足您的要求。

出　口　商：另外，货物在运输过
　　　　　　程中不能有任何碰撞。

包装公司：您就放心吧，我们会
　　　　　特别注意的。

出　口　商：谢谢！我还要麻烦你们在每个包装箱上印上原产国标志。

包装公司：这种标志很重要，我们向来都是这么做的。

出　口　商：我们还希望在每个包装箱上也都印上品质标志。

包装公司：除非客户要求，否则我们通常是不会加印品质标志的。既然
　　　　　您希望这么做，我们就照您的意思办。

出　口　商：那太好了！这批货对我们来说特别重要，不能出一点儿差错。

（在保险公司）

出　口　商：我们有一批贵重货物要运往加拿大。

保险公司：您想投保哪一种险？

出　口　商：我要投平安险。

保险公司：如果是贵重货物的话，我建议您投保一切险。一切险比较
　　　　　好，虽然贵了一点儿，但赔偿范围最大。

出　口　商：那保险费就贵多了。我想我们的货物不可能被偷，还是平安
　　　　　险吧。

保险公司：从我们多年的经验来看，还是一切险比较好。万一货物出了问
　　　　　题，就有可能因为投错了险而无法得到赔偿，那麻烦就大了。

出　口　商：您说得也有道理。这批货物价值不小，如果弄丢了，公司损
　　　　　　失就大了。就听你们的吧。

保险公司：好的，我们这就为您办理。

课前预习　Preview

根据课文内容选择正确答案。Choose the correct answers according to the text.

1. 这批货物为什么需要专门的包装材料？　　　　　　　　　　　　（　　）

    A．非常贵重　　　　　　　　　B．是易碎品

    C．防止被偷　　　　　　　　　D．防止假冒

2. 包装公司在包装货物时，一般是怎么做的？　　　　　　　　　　（　　）

    A．采用专门的包装材料　　　　B．防止货物出现碰撞

    C．加印原产国标志　　　　　　D．加印品质标志

3. 包装公司只有在什么情况下才会加印品质标志？　　　　　　　　（　　）

    A．客户要求　　　　　　　　　B．货物贵重

    C．货物易碎　　　　　　　　　D．货物易潮

4. 如果货物被偷，平安险会给予赔偿吗？　　　　　　　　　　　　（　　）

    A．会赔偿　　　　　　　　　　B．不会赔偿

    C．不一定　　　　　　　　　　D．全部赔偿

5. 最后，出口商决定投哪一种险？　　　　　　　　　　　　　　　（　　）

    A．没有决定　　　　　　　　　B．没有投险

    C．一切险　　　　　　　　　　D．平安险

生　词　New words

序号	简体	繁体	拼音	词性	英文释义
1.	投保	投保	tóubǎo	v.	insure
2.	一切险	一切險	yīqièxiǎn	NP	all-risk insurance
3.	包装	包装	bāozhuāng	v.	pack
4.	瓷器	瓷器	cíqì	n.	porcelain

序号	简体	繁体	拼音	词性	英文释义
5.	防震	防震	fángzhèn	*v.*	shockproof
6.	碰撞	碰撞	pèngzhuàng	*v.*	collide
7.	印	印	yìn	*v.*	print
8.	原产国	原產國	yuánchǎnguó	*NP*	country of origin
9.	向来	嚮來	xiànglái	*adv.*	all along
10.	除非	除非	chúfēi	*conj.*	unless
11.	通常	通常	tōngcháng	*adv.*	often
12.	既然	既然	jìrán	*conj.*	since
13.	差错	差錯	chācuò	*n.*	error
14.	贵重	貴重	guìzhòng	*adj.*	valuable
15.	平安险	平安險	píng'ānxiǎn	*NP*	FPA
16.	赔偿	賠償	péicháng	*v.*	compensate
17.	保险费	保險費	bǎoxiǎnfèi	*n.*	insurance premium
18.	万一	萬一	wànyī	*conj.*	in case

专有名词 Proper noun

序号	简体	繁体	拼音	英语释义
1.	景德镇	景德鎮	Jǐngdézhèn	Jingdezhen

语言点　Language points

1
向来

原文：这种标志很重要，我们向来都是这么做的。

用法：副词。表示某种情况或状态从过去到现在一直是这样。

（1）他向来喜欢和别人开玩笑。

（2）我们公司向来重视对员工进行培训。

（3）我们的产品向来受到消费者的喜爱。

2 除非

原文：除非客户要求，否则我们通常是不会加印品质标志的。

用法：连词。表示一定要这样，才能产生某种结果，常与"才"连用；表示如果不这样，就不能产生某种结果，常与"否则"连用。

（1）除非你亲自到他家去请，他才会来。

（2）除非你答应我的条件，我才告诉你。

（3）除非你亲自到他家去请，否则他是不会来的。

（4）除非你答应我的条件，否则我不会告诉你。

3 从……来看

原文：从我们多年的经验来看，还是一切险比较好。

用法：表示根据某种情况，可以得出某种结论或看法。

（1）从三年多的实践来看，我们的做法是对的。

（2）从她的衣着和谈吐来看，她是个受过良好教育的人。

（3）有专家认为，从经济学的角度来看，通过放长假来推动消费的效果并不好。

4 万一

原文：万一货物出了问题，就有可能因为投错了险而无法得到赔偿，那麻烦就大了。

用法：连词。表示情况出现的可能性极小，后面的句子说出情况出现后产生的结果。

（1）临别前，公司人员还留下联络方法，告诉他们万一有情况可及时通报。

（2）大学毕业后万一找不到工作，我就去考研究生。

（3）我们的产品质量有保证，万一出现问题，你可以拿来退换。

即学即用　**Language in use**

1. 请用"向来"完成句子。Complete the sentences with "向来".

（1）中国人 _____。

（2）质量第一 _____。

（3）衣、食、住、行 _____。

2 请用"除非"完成句子。Complete the sentences with "除非".

（1）_____，我才会相信他说的话。

（2）_____，否则公司业绩将不会再增长。

（3）_____，否则我是不会离开这家公司的。

3 请完成句子。Complete the sentences.

（1）从产品质量来看，_____。

（2）从员工的工作态度来看，_____。

（3）从市场销售情况来看，_____。

4 请完成句子。Complete the sentences.

（1）万一买不到票，_____。

（2）你不要一个人去，_____，就麻烦了。

（3）我明天会通知你的，万一我忘了，_____。

综合练习 Integrated exercises

听说练习 Listening and speaking exercises

一、根据听到的句子和它的三个应答，选择最恰当的应答。 Choose the most proper responses according to the sentences and the three responses you hear.

1. （　）	A.	B.	C.
2. （　）	A.	B.	C.
3. （　）	A.	B.	C.
4. （　）	A.	B.	C.
5. （　）	A.	B.	C.
6. （　）	A.	B.	C.

二、 根据听到的对话，选择最恰当的答案。Choose the most proper answers according to the conversations you hear.

1. 男的想做什么？ （ ）

    A．包装货物   B．装运货物   C．推迟装运   D．等候通知

2. 发生了什么事情？ （ ）

    A．罐头不能食用   B．包装材料特殊

    C．运输发生碰撞   D．罐头经过检查

3. 他们在谈论什么问题？ （ ）

    A．报价时间   B．交货时间   C．订货时间   D．送货时间

4. 在这种情况下，女的最有可能做什么？ （ ）

    A．仔细检查布料   B．把布料退给男方

    C．要求男方赔偿   D．要求保险公司赔偿

5. 女的提出了什么要求？ （ ）

    A．检查包装   B．更换包装   C．检查货物   D．更换货物

三、 根据听到的两段话，选择正确答案。Choose the correct answers according to the two paragraphs you hear.

1~3题

1. 为产品包装时，使用天然材料有什么好处？ （ ）

    A．节约资源   B．减少污染   C．经济适用   D．价廉物美

2. 采用塑料包装的缺点是什么？ （ ）

    A．污染环境   B．浪费资源   C．有竞争力   D．很人性化

3. 绿色包装具有什么特点？ （ ）

    A．外观美丽   B．节约资源

    C．消费者喜欢   D．人性化气息浓厚

4~6题

4. 这段话谈论的主要问题是什么？ （ ）

    A．商品质量   B．商品价格   C．商品竞争   D．商品包装

5. 关于产品包装的问题，下面哪一项没有提到？ （　　）

    A．纸盒硬度不够　　　　　　　　　B．缺乏高雅感

    C．包装太简洁　　　　　　　　　　D．外观设计不吸引人

6. 女方的公司做什么生意的？ （　　）

    A．商品包装　　　B．工艺品　　　　C．商品运输　　　D．包装纸盒

四、根据听到的内容填空。Listen to the recording and fill in the blanks.

1. 房屋的火灾 _____ 加剧。

2. 一旦发生相关事故，可能会造成无法挽回的 _____。

3. 在国外发达国家，家庭财产保险的投保率可达 _____ 以上。

4. 不同的保险公司有着不同的特点和保障 _____。

5. 家庭财产险保障期限多为 _____。

五、看图说话。Picture descriptions

    卖方代表王小姐与买方代表李先生进行商务谈判，讨论儿童玩具等货物的保险问题。通过协商，他们决定投保中国人民保险公司的一切险。看下面五幅图，说一说这一谈判过程。

1　　　　　　　　　　　　　　　　　　2

3　　　　　　　　　　　4　　　　　　　　　　　5

六、情景会话。Situational conversations

> 1. 经销商A要运输一批布料到美国，找到保险公司B办理布料保险事宜。
>
> 2. 销售商A从某地进口了一批水果，收到货物后发现有1/3的水果都已经变质了。A找到包装公司B了解包装及运输情况，并要求得到赔偿。

七、讨论。Discussion

1. 在选用包装材料时，你认为应该考虑哪些因素？
2. 在出口商品时，你会怎样选择保险方式？

读写练习 Reading and writing exercises

一、选词填空。Fill in the blanks with the most proper words.

满足	碰撞	赔偿	照
投保	运往	建议	印

1. 经理刚才已经说得很清楚了，你就 _____ 他说的去做吧。
2. 这批电视机都包装好了，打算 _____ 美国。
3. 为了 _____ 顾客的要求，我们要改进生产技术，提高产品质量。
4. 我们公司保证，客户购买的产品出现任何问题都可以得到 _____。
5. 这些是贵重的瓷器，在运输过程中不能发生 _____。
6. 由于是特殊商品，我们 _____ 采用专门的包装材料。
7. 一般情况下，出口的商品在包装箱上都会 _____ 上原产地标志。
8. 如果 _____ 平安险，那么被偷的商品就得不到赔偿。

二、词语连线。Match the words.

1. 满足	a. 产品标志
2. 赔偿	b. 平安险
3. 加印	c. 经济损失
4. 运往	d. 客户需求
5. 投保	e. 严重碰撞
6. 发生	f. 目的地

三、选择正确答案。Choose the correct answers.

1. 企业 _____ 都很重视广告宣传。　　　　　　　　　　　（　　）

　　A. 以来　　　　　B. 向来　　　　　C. 过来　　　　　D. 看来

2. _____ 降价处理，否则产品卖不出去。　　　　　　　　　（　　）

　　A. 除非　　　　　B. 如果　　　　　C. 因为　　　　　D. 只要

3. _____ 领导都同意了，你为什么还不去呢?　　　　　　　（　　）

　　A. 虽然　　　　　B. 仍然　　　　　C. 果然　　　　　D. 既然

4. _____ 我不能及时赶到，那怎么办呢?　　　　　　　　　（　　）

　　A. 万一　　　　　B. 既然　　　　　C. 因为　　　　　D. 除非

5. 年底 _____ 都是发奖金和双薪的日子。　　　　　　　　（　　）

　　A. 通常　　　　　B. 通行　　　　　C. 日常　　　　　D. 平常

6. _____ 昨天发生的事情 _____，我觉得你们不应该那样做。（　　）

　　A. 从……来看　　　　　　　　　B. 在……看来

　　C. 对……来说　　　　　　　　　D. 由……可知

四、用所给词语完成句子。Complete the sentences with the given words.

1. _____，您就放心吧。　　（向来）

2. _____，损失才可以得到全额赔偿。　（除非）

3. _____，那我们就照计划去做吧。　　（既然）

4. 你还是快点儿吧，_____。　　（万一）

5. 根据规定，职工的作息时间_____。　（通常）

6. _____，我们的产品很有竞争力。（从……来看）

五、写作。Writing

　　你向某公司订购了一批货物，并在规定的时间内收到了。但打开包装后发现，有些货物受到了损害，是由包装问题引起的。根据双方签订的合同规定，由包装问题引起的货物损害，卖方要承担责任。请你给该公司写一封投诉信:

　　1. 说明事实情况。

　　2. 提出合理要求。

投诉信写作结构：

投诉信主要包括标题、称呼、正文、落款四个部分。正文主要包括投诉理由、要求解释或提出补救意见。落款为发信人和日期。

投诉信参考例文：

投诉遭损坏的货物

尊敬的王小姐：

我们今天早上收到了您发送的247-97号货物——4包NK-550。然而，我们在验收货物时发现其中一包，16件货物中有12件遭到损坏而无法出售。

请安排一包替换品，并于2月20日前送到。如果您能同时将损坏品收回，我们将不胜感激。

此类事件在本年度中已发生了3次。这不仅给我们造成了不便，还会使我们因无法履行对客户的承诺而陷于尴尬境地，并造成我们双方潜在的财务损失。请确保今后此类事件不再发生。

李四　上

2012年3月1日

沃尔玛降低运输成本的学问

沃尔玛公司运输货物采用空运、海运和陆运三种方式。在中国，主要采用公路运输。如何降低卡车的运输成本，是沃尔玛物流管理面临的一个重要问题。为此，公司主要采取了以下措施：

1. 使用大卡车。这种车的货柜大约有16米长，比集装箱运输卡车的货柜还要长。产品从车厢的底部一直装到最高处。

2. 公司有自己的车队，有

三千七百多名司机。保证安全是节约成本最重要的环节，因此，公司的口号是"安全第一，礼貌第一"，而不是"速度第一"。

3. 采用全球定位系统。在任何时候，调度中心都可以知道这些车辆在什么地方，还需要多长时间能够运到商店。

4. 实行24小时工作制。车队利用夜间进行运输，及时为卡车卸货，保证在18个小时内完成整个运输过程。

5. 确保商场所得到的产品与发货单完全一致。产品运到商场后，商场不用对每个产品逐个进行检查，这样可以节省很多时间，加快物流的循环过程，从而降低成本。

6. 沃尔玛的运输成本比供货厂商自己运输产品的成本要低，所以供货厂商也乐意使用沃尔玛的车队来运输货物，这样产品也就可以从工厂直接运送到商场，从而大大节省流通过程中的库存成本和转运成本。

生 词　　New words

序号	简体	繁体	拼音	词性	英文释义
1.	空运	空運	kōngyùn	v.	air transport
2.	海运	海運	hǎiyùn	v.	sea transport
3.	陆运	陸運	lùyùn	v.	land transport
4.	面临	面臨	miànlín	v.	be faced with
5.	采取	采取	cǎiqǔ	v.	adopt
6.	措施	措施	cuòshī	n.	measure
7.	货柜	貨櫃	huòguì	n.	container
8.	集装箱	集裝箱	jízhuāngxiāng	n.	container
9.	节约	節約	jiéyuē	v.	economize
10.	环节	環節	huánjié	n.	link
11.	口号	口號	kǒuhào	n.	slogan
12.	系统	系統	xìtǒng	n.	system
13.	调度	調度	diàodù	v.	dispatch
14.	卸货	卸貨	xièhuò	v.	unload cargo

15.	确保	確保	quèbǎo	*v.*	ensure
16.	一致	一致	yīzhì	*adj.*	accordant
17.	逐个	逐個	zhúgè	*adv.*	one by one
18.	加快	加快	jiākuài	*v.*	speed up
19.	从而	從而	cóng'ér	*conj.*	thus
20.	乐意	樂意	lèyì	*v.*	be willing to
21.	流通	流通	liútōng	*v.*	circulate
22.	转运	轉運	zhuǎnyùn	*v.*	transship

专有名词 Proper noun

序号	简体	繁体	拼音	英文释义
1.	沃尔玛	沃爾瑪	Wò'ěrmǎ	Wal-Mart

练习 **Exercises**

一、根据课文内容选择正确答案。Choose the correct answers according to the text.

1. 在中国，沃尔玛公司运输货物主要采取哪种方式？ （ ）

　　A. 空运　　　　　　B. 海运　　　　　　C. 陆运　　　　　　D. 空运或陆运

2. 沃尔玛物流管理面临的主要问题是什么？ （ ）

　　A. 使用何种运输方式　　　　　　B. 如何降低运输成本

　　C. 怎样缩短运输时间　　　　　　D. 如何确保运输安全

3. 下面哪一项不是沃尔玛物流管理采取的措施？ （ ）

　　A. 增加运输车辆　　　　　　B. 采用全球定位系统

　　C. 使用大卡车　　　　　　D. 实行24小时工作制

4. 节约成本最重要的环节是什么？ （ ）

　　A. 安全　　　　　B. 速度　　　　　C. 时间　　　　　D. 礼貌

5. 下面哪一项不是"确保商场得到的产品与发货单一致"的好处？ （ ）

　　A. 节省运输时间　　　　　　B. 降低运输成本

　　C. 加快物流过程　　　　　　D. 商场进行检查

二、选择正确答案。Choose the correct answers.

1. 公司在物流管理方面采取了多种措施，_____降低了运输成本。（　　）
   A．从而　　　　　　B．然而　　　　　　C．从此　　　　　　D．然后

2. 对企业来说，最重要的是安全，_____不是速度。　　　　　　（　　）
   A．也　　　　　　　B．再　　　　　　　C．而　　　　　　　D．就

3. 那家公司的规模比这家_____要大。　　　　　　　　　　　（　　）
   A．太　　　　　　　B．还　　　　　　　C．很　　　　　　　D．最

4. 这次谈判非常重要，_____大家要做好充分准备。　　　　　（　　）
   A．因为　　　　　　B．这样　　　　　　C．从此　　　　　　D．为此

5. 电信公司将推出一项服务，使用户可以用手机打网络电话，_____大幅
   节约长途电话费。　　　　　　　　　　　　　　　　　　　　（　　）
   A．因而　　　　　　B．从而　　　　　　C．所以　　　　　　D．于是

三、选词填空。Fill in the blanks with the most proper words.

| 降低 | 调度 | 使用 | 采取 |
| 利用 | 确保 | 面临 | |

1. 我们虽然取得了很大的成绩，但也 _____ 着一些问题。

2. 由于提高了生产技术，从而使生产成本也大大 _____ 了。

3. 企业的目的是要获得更多的利润，但必须 _____ 合法的手段。

4. 在运输队，所有车辆都随时等候 _____。

5. 职工们 _____ 周末去夜校学习技术。

6. 我们决定延长工作时间，以 _____ 工程能按时完成。

7. 新款低能耗芯片上市后，公司可能将其用于笔记本电脑的生产，以延长电池
   的 _____ 时间。

四、讨论。Discussion

1. 货物的包装方式和运输路线对降低运输成本有什么影响？

2. 降低运输成本与加快运输速度是否矛盾？为什么？

导读 ▶ **Warm-up**

▶ 中国入世以后，你认为跨国公司在中国面临着什么问题？

▶ 你认为跨国公司在中国的运营有哪些方面的优势？

▶ 面对本土企业的竞争，跨国公司应如何保持优势？

第五单元　国际投资

第九课　跨国公司如何保持竞争优势

核心句 **Key sentences**

▶ 这对跨国公司来说是机遇，也是挑战。

It is not only an opportunity, but also a challenge to multi-national corporations.

▶ 企业如果要在中国保持竞争力，人才是取胜的关键。

If a corporation wants to keep its competitive edge in China, it has to be able to attract a lot of talents.

▶ 随着中国本地公司的快速成长，竞争日益激烈。

The competition has become increasingly fierce with the rapid growth of the local corporations in China.

▶ 不仅要有长期战略，还要随时调整具体战术。

A long-term strategy is to be in place and adjustments in tactics are to be made at any moment.

▶ 诸位总结得非常精彩，感谢大家的参与。

Everyone did a very good job in summarizing, and we thank all of you for participation.

跨国公司如何保持竞争优势

主持人：大家好！2006年12月，中国入世五年的保护期结束了，很多行业开始对外资开放，这对跨国公司来说是机遇，也是挑战。在座的都是著名跨国公司的高管。今天，想请诸位谈谈，在这种情况下跨国公司如何保持竞争优势。

副总裁：我先谈一下自己的体会。企业如果要在中国保持竞争力，人才是取胜的关键。

营销官：我觉得成功的市场营销模式是保持优势的关键。随着中国本地公司的快速成长，竞争日益激烈。就拿手机来说吧，以前大多数人会首选诺基亚、爱立信，现在国产品牌的服务与价格优势使消费者对国外品牌越来越挑剔，所以一定要建立细致的分销网络。

董　事：除了营销模式以外，企业不仅要在研发方面创新，还要在供应链、制造和合作等方面创新。

总经理：我认为跨国公司进入一个新的市场，一般有三个阶段。第一是进入阶段，任务是创品牌；第二是发展阶段，是真正开拓市场、追求盈利的阶段；第三是企业的标准化阶段，与全球运作相结合的阶段。所以不仅要有长期战略，还要随时调整具体战术。

总　裁：我个人认为，每家大公司都有自己的经营模式，但是市场环境复杂多变，还要了解本土文化，倾听顾客和员工的声音。只有积极面对竞争，制定成功的战略，才能立于不败之地。

主持人：诸位总结得非常精彩，感谢大家的参与。

课前预习　Preview

根据课文内容判断正误。True or false

1. 参加座谈会的都是跨国公司企业中的高级管理者。　　　　　　　　　　（　　）
2. 中国消费者一直喜欢购买外国的手机。　　　　　　　　　　　　　　　（　　）
3. 营销和创新对跨国公司来说都非常重要。　　　　　　　　　　　　　　（　　）
4. 跨国公司进入新市场的第一阶段是追求盈利。　　　　　　　　　　　　（　　）
5. 每家公司的经营模式是相同的。　　　　　　　　　　　　　　　　　　（　　）

生　词　New words

序号	简体	繁体	拼音	词性	英文释义
1.	跨国公司	跨國公司	kuàguó gōngsī	NP	multi-national corporation
2.	入世	入世	rùshì	v.	become a member of WTO
3.	保护期	保護期	bǎohùqī	NP	protection period
4.	机遇	機遇	jīyù	n.	opportunity
5.	在座	在座	zàizuò	v.	be present
6.	高管	高管	gāoguǎn	n.	senior executive
7.	诸位	諸位	zhūwèi	n.	everyone; ladies and gentlemen
8.	竞争力	競爭力	jìngzhēnglì	NP	competitiveness
9.	取胜	取勝	qǔshèng	v.	win
10.	关键	關鍵	guānjiàn	n.	key
11.	挑剔	挑剔	tiāoti	v.	nitpick
12.	分销	分銷	fēnxiāo	v.	distribute
13.	研发	研發	yánfā	v.	research and develop
14.	创新	創新	chuàngxīn	v.	innovate

序号	简体	繁体	拼音	词性	英文释义
15.	供应链	供應鏈	gōngyìngliàn	*NP*	supply chain
16.	阶段	階段	jiēduàn	*n.*	stage
17.	开拓	開拓	kāituò	*v.*	exploit
18.	追求	追求	zhuīqiú	*v.*	seek
19.	盈利	盈利	yínglì	*n.*	profit
20.	标准化	標準化	biāozhǔnhuà	*v.*	standardize
21.	运作	運作	yùnzuò	*v.*	operate
22.	调整	調整	tiáozhěng	*v.*	adjust
23.	战术	戰術	zhànshù	*n.*	tactic
24.	本土	本土	běntǔ	*n.*	native country
25.	倾听	傾聽	qīngtīng	*v.*	listen to

专有名词 Proper nouns

序号	简体	繁体	拼音	英文释义
1.	诺基亚	諾基亞	Nuòjīyà	Nokia
2.	爱立信	愛立信	Àilìxìn	Ericsson

语言点 Language points

1
拿……来说

原文：就拿手机来说吧，以前大多数人会首选诺基亚、爱立信。

用法：举例子，多用在句首，用逗号与后半句隔开。

（1）拿吴先生来说，平日里加班赶工是家常便饭。

（2）拿今年的毕业生来说，就业难度很大。

（3）拿这个品牌的汽车来说，还有很大的降价空间。

2

第一……
第二……
第三……

原文： 第一是进入阶段，任务是创品牌；第二是发展阶段，是真正开拓市场、追求盈利的阶段；第三是企业的标准化阶段，与全球运作相结合的阶段。

用法： 列举的表示法，不同的列举项可以是一个分句，也可以是两个分句。需要注意的是多个分句的列举项之间要用分号连接。

（1）我们公司今年的主要目标有三个：第一是提高产品质量，第二是改善服务质量，第三是加强售后服务。

（2）学好外语的经验：第一是多听、多说，第二是多和外国人交朋友，第三是多了解外国的历史和国情。

（3）开拓新的市场需要做到三点：第一是保证产品质量，做好售后服务；第二是做好市场调研，满足消费者的需求；第三是树立良好的企业形象，提高产品的知名度。

3

名词/
形容词+化

原文： 第三是企业的标准化阶段，与全球运作相结合的阶段。

用法： "化"用在名词或形容词后构成动词，表示转变成某种性质或状态。

（1）企业不断进行信息化建设。

（2）我们公司的管理越来越正规化。

（3）上海是一个现代化的大都市。

4

个人认为

原文： 我个人认为，每家大公司都有自己的经营模式。

用法： 用于表达自己的观点。

（1）我个人认为，应该开发新型号的产品，以便适应不同消费者的需求。

（2）他个人认为，应该提前结束会议，但是没有得到大家的支持。

（3）我个人认为，与原料商建立长期的合作关系非常重要。

5

立于不败
之地

原文： 只有积极面对竞争，制定成功的战略，才能立于不败之地。

用法： 惯用语，胜利的意思。

（1）企业竞争中，只有做到知己知彼，才能长期立于不败之地。

（2）只有了解市场需求，才能在与同行业对手的竞争中立于不败之地。

（3）只有做好充分准备，才能在赛场上立于不败之地。

即学即用 **Language in use**

1 请用"拿……来说"完成对话。Complete the conversations with "拿……来说".

（1）A：展销会期间酒店的入住率怎么样？

B：_____。

（2）A：跨国公司在金融危机中是否受到了影响？

B：_____。

（3）A：今年夏天的空调销售情况怎么样？

B：_____。

2 请用"第一……第二……第三……完成对话。Complete the conversations with "第一……第二……第三……".

（1）A：你学习外语的经验是什么？

B：_____。

（2）A：你认为我们公司目前需要解决的问题有哪些？

B：_____。

（3）A：你认为成为一名成功的企业家要具备怎样的素质？

B：_____。

3 请用"……化"完成句子。Complete the sentences with "……化".

（1）因为出生率低，很多国家_____。

（2）世界经济的趋势是_____。

（3）政府部门的办公手续要_____。

4 请用"名词/形容词+化"改写句子。Rewrite the sentences with "名词/形容词+化".

（1）不少学校也开始用商业方式运作。

_____。

（2）公司希望设计出非常符合标准的产品。

_____。

（3）这款产品太复杂了，应该简单一些。

_____。

5. 请用 "个人认为……" 完成对话。Complete the conversations with "个人认为……".

（1）A：你觉得公司现在面临的问题是什么？

　　B：＿＿＿＿＿＿＿＿＿＿＿＿＿＿＿＿＿＿＿＿＿。

（2）A：你认为跨国公司的竞争优势在哪里？

　　B：＿＿＿＿＿＿＿＿＿＿＿＿＿＿＿＿＿＿＿＿＿。

（3）A：你觉得怎样才能提高企业的知名度？

　　B：＿＿＿＿＿＿＿＿＿＿＿＿＿＿＿＿＿＿＿＿＿。

6. 请用 "立于不败之地" 完成句子。Complete the sentences with "立于不败之地".

（1）在设计比赛中，＿＿＿＿＿＿＿＿＿＿＿＿＿＿＿＿＿＿＿。

（2）在商业竞争中，＿＿＿＿＿＿＿＿＿＿＿＿＿＿＿＿＿＿＿。

（3）在各种竞争中，＿＿＿＿＿＿＿＿＿＿＿＿＿＿＿＿＿＿＿。

综合练习　Integrated exercises

听说练习　Listening and speaking exercises

一、根据听到的句子和它的三个应答，选择最恰当的应答。Choose the most proper responses according to the sentences and the three responses you hear.

1.　（　）　　A.　　　　B.　　　　C.

2.　（　）　　A.　　　　B.　　　　C.

3.　（　）　　A.　　　　B.　　　　C.

4.　（　）　　A.　　　　B.　　　　C.

5.　（　）　　A.　　　　B.　　　　C.

二、根据听到的对话，选择最恰当的答案。Choose the most proper answers according to the conversations you hear.

1. 什么可以提升企业的竞争力？　　　　　　　　　　　（　　）

　A. 新的员工　　　　　　　　　B. 好的工作气氛

　C. 不同文化的融合　　　　　　D. 很多国家的人

2. 小李准备去什么地方工作？ （　　）

    A．国营公司　　　　B．私营公司　　　　C．跨国公司　　　　D．不知道

3. 这家跨国公司的优势是什么？ （　　）

    A．历史悠久　　　　　　　　　　B．管理制度科学

    C．管理人员有经验　　　　　　　D．以上三项

4. 关于消费者很快接受跨国公司的新品牌，下面哪一项未提到？ （　　）

    A．技术优势　　　　　　　　　　B．资金雄厚

    C．产品研发　　　　　　　　　　D．营销技巧

5. 该公司的规模优势指的是什么？ （　　）

    A．资产额大　　　　　　　　　　B．销售额大

    C．雇员人数多　　　　　　　　　D．以上三个方面

三、根据听到的两段话，选择正确答案。Choose the correct answers according to the two paragraphs you hear.

1~3题

1. 女的为什么想减少公益方面的开支？ （　　）

    A．不想帮助别人了　　　　　　　B．金融危机结束了

    C．公司利润下降了　　　　　　　D．她的生活很不好

2. 以下哪种做法和社会责任没有关系？ （　　）

    A．不裁员　　　　　　　　　　　B．不降低公司利润

    C．不减薪　　　　　　　　　　　D．不减少公益开支

3. 承担社会责任给企业带来好处，下面哪一项未提到？ （　　）

    A．树立良好的形象　　　　　　　B．更好地抵御危机

    C．增强企业的竞争力　　　　　　D．顺利地提高价格

4~6题

4. 他们公司的总经理为什么很高兴？ （　　）

    A．在上海的业绩增长很快　　　　B．将在上海设立国家级地区总部

    C．在中国的发展很成功　　　　　D．在上海的发展很快

5. 这可能是一家什么行业的公司？ （　　）

    A．工业　　　　B．制造业　　　　C．餐饮业　　　　D．农业

6. 这家企业成功的优势在哪里？　　　　　　　　　　　　（　　）

A．在管理方面　　　B．在营销方面　　C．在研发方面　　D．在很多方面

四、根据听到的内容填空。Listen to the recording and fill in the blanks.

1. 中国的经济发展进入了一个新的 _____。

2. 中国企业将 _____ 竞争。

3. 中国的上市公司与国际著名跨国公司相比存在着较大 _____。

4. 上市公司应坚决实施"走出去" _____。

五、看图说话。Picture descriptions

中国某地的一家跨国食品公司召开会议，主要讨论圣诞节促销活动。王总与市场部李经理交流了意见与建议。请看下面五幅图，说一说这一会议过程。

1　　　　　　　　　　2

3　　　　　　　4　　　　　　　5

六、情景会话。Situational conversations

1. A是中国一家大型企业的副总经理，B是一家跨国会计公司的首席代表。A要寻找一家合适的会计公司，B希望有机会合作，向A介绍自己公司所具有的跨国优势。

2. A是一家财经杂志的记者，B是一家著名跨国企业的总经理。采访中，A请B谈谈B的公司在中国成功经营的优势和经验。

七、讨论。Discussion

1. 你觉得跨国公司的竞争优势最主要体现在哪些方面？

2. 你认为跨国公司的投资对当地企业的发展有哪些影响？

读写练习 Reading and writing exercises

一、选词填空。Fill in the blanks with the most proper words.

取胜	保持	开拓	调整
倾听	追求	激烈	研发

1. 如何 _____ 竞争力对任何一家企业来说都很重要。

2. 只有不断创新，才能在竞争中 _____ 。

3. 企业不能只 _____ 经济效益，还要考虑社会效益。

4. 管理层应该懂得 _____ 员工的声音。

5. 大力 _____ 市场是这家公司成功的秘诀。

6. 情况变化了，要及时 _____ 经营策略。

7. 近年来，市场竞争日益 _____ 。

8. 只有不断 _____ 新产品，才能一直吸引消费者。

二、词语连线。Match the words.

1. 竞争	a. 面对
2. 追求	b. 市场
3. 调整	c. 激烈
4. 保持	d. 优势
5. 开拓	e. 盈利
6. 积极	f. 复杂
7. 环境	g. 战术

三、选择正确答案。Choose the correct answers.

1. 国际政治、经济环境复杂，跨国公司想 _____ 竞争优势难上加难。　　（　　）

    A. 坚持　　　　　　B. 保持　　　　　　C. 维持　　　　　　D. 维护

2. _____ 要在中国保持竞争力，跨国企业需采取本土化战略。　（　　）

    A. 如果   B. 如何   C. 既然   D. 虽然

3. 就 _____ 手机来说吧，以前在中国，外国品牌占绝对优势。　（　　）

    A. 给   B. 为   C. 对   D. 拿

4. 拥有 _____ 独有的盈利模式、研发团队、销售渠道，是这家公司立于不败
之地的关键。　（　　）

    A. 自我   B. 亲身   C. 自己   D. 亲自

5. 企业之间 _____ 可以进行销售渠道上的合作，还可以在研发、制造方
面合作。　（　　）

    A. 为了   B. 除了   C. 只有   D. 因为

四、用所给词语完成句子。Complete the sentences with the given words.

1. _____，公司实力也显著增强。　（随着）

2. 公司各项开支都很大，_____。（拿……来说）

3. 该公司的产品除了供应国内市场外，_____。（还）

4. 该跨国公司与其他国家的公司也有合作，_____。（但是）

5. 只有加强企业管理，_____。　（才）

五、写作。Writing

    富泉公司是一家生产茶叶的公司，为开拓市场，希望寻求贸易关系。得知日本一家贸易公司对茶叶非常感兴趣，特发函寻求建立贸易关系。

    寻求贸易关系函是公司为开拓市场寻求贸易合作而发给另一公司的信函。寻求贸易关系函除标题、称谓和落款外，正文部分主要包括：获悉对方信息的途径；表示有意与对方建立贸易关系，希望得到对方的合作；向对方做自我介绍，包括企业性质、基本业务状况、经营范围、分支机构等；以祝颂语结尾。

    寻求贸易关系函参考例文：

寻求贸易关系函

敬启者：

    欣闻贵公司发展日益兴隆。

    承蒙天美公司将贵公司作为可能的中国棉布买主介绍给我们。棉布属于我公司经

营范围，我们愿早日与贵公司建立直接的业务关系。

为使贵公司对我公司可供出口的各种棉布的概况有所了解，现随函寄去商品册和价目单各一份。一旦接到贵公司的具体询价信，定当邮寄去我公司的报价单和样本。

盼早日赐复！

张三　谨上

2012年1月15日

副课文 Further reading

跨国公司的文化融合

英特尔公司只有部分收入来自美国本土，该公司近十万名雇员分布在50个国家，这就意味着英特尔要满足全球客户各种不同的需求，需要加深对多元文化的理解，加强多元文化之间的交流。

2009年，英特尔公司推出了"中层管理者领导力"培养计划。800名中层管理者将在之后8年中分批到其他国家和地区参加为  期一周的研讨会，这一计划预计要花费三百多万美元。毫无疑问，该计划将会使员工加深对不同文化的理解，加强对企业文化的认同，还可以促进不同部门之间的交流与合作。

总部位于旧金山的Freeborders软件公司，调整了深圳分公司的薪酬政策，增设了季度奖金。这一政策大大调动了雇员的积极性，为公司带来了丰厚的回报，与上一年相比，公司当年的收益增长了70%。

总部位于圣何塞的KLA-Tencor是一家高科技制造业企业，根据亚裔员工的特点，该公司做了大量的文化融合工作，提高了工作效率。如在亚洲，电子邮件中引述经理的指示被认为是一种表示礼貌的方式，但是对美国的管理者来说，这种做法没有必要，还带来不少麻烦。针对这一现象，企业做了大量协调工作，注意不同文化的融合，最后取得了良好的效果。

生 词　New words

序号	简体	繁体	拼音	词性	英文释义
1.	融合	融合	rónghé	v.	blend
2.	雇员	雇員	gùyuán	n.	employee
3.	分布	分布	fēnbù	v.	spread
4.	加深	加深	jiāshēn	v.	deepen
5.	多元	多元	duōyuán	adj.	multi-element
6.	中层	中層	zhōngcéng	n.	middle level
7.	预计	預計	yùjì	v.	estimate
8.	花费	花費	huāfèi	v.	spend
9.	毫无疑问	毫無疑問	háowú-yíwèn	idiom.	no doubt
10.	促进	促進	cùjìn	v.	boost
11.	总部	總部	zǒngbù	n.	headquarters
12.	位于	位于	wèiyú	v.	be located
13.	软件	軟件	ruǎnjiàn	n.	software
14.	政策	政策	zhèngcè	n.	policy
15.	调动	調動	diàodòng	v.	arouse
16.	收益	收益	shōuyì	n.	revenue
17.	增长	增長	zēngzhǎng	v.	grow
18.	亚裔	亞裔	yàyì	n.	Asian descendant
19.	引述	引述	yǐnshù	v.	quote
20.	指示	指示	zhǐshì	n.	instruction

练习 **Exercises**

一、根据课文内容判断正误。True or false

1. 英特尔公司的全部收入来自美国本土。 ( )
2. 800名中层管理者今年要去参加研讨会。 ( )
3. "中层管理者领导力"培养计划将会加强不同文化的融合。 ( )
4. 深圳的Freeborders分公司今年收益增长了很多。 ( )
5. 亚裔员工喜欢按照经理的指示去做。 ( )
6. 美国人不喜欢引述领导者的意见。 ( )

二、词语连线。Match the words.

1. 满足   a. 理解
2. 为期   b. 需求
3. 加深   c. 效率
4. 促进   d. 一周
5. 调整   e. 政策
6. 提高   f. 交流

三、选词填空。Fill in the blanks with the most proper words.

| 分布 | 疑问 | 满足 | 意味着 |
| 为期 | 交流 | 调动 | 融合 |

1. 不同背景的文化 ＿＿＿＿ 对企业发展很重要。
2. 我们公司的连锁店 ＿＿＿＿ 在全国各地。
3. 一个好的管理者要善于 ＿＿＿＿ 员工的积极性。
4. 这家公司的产品能够 ＿＿＿＿ 不同消费者的需求。
5. 毫无 ＿＿＿＿，质量是企业的生命。
6. ＿＿＿＿ 一周的研讨会昨天结束了。
7. 抓住机遇 ＿＿＿＿ 有成功的机会。
8. 企业应该给员工创造互相 ＿＿＿＿ 的平台。

四、讨论。Discussion

了解一家跨国公司的情况： 他们的上下级之间、同事之间是否会因为文化背景不同而产生冲突，怎么解决这种冲突。

第五单元　国际投资

第十课　跨国公司在中国

核心句　Key sentences

► 中国人把这种情况说成是"水土不服"。

The Chinese people would describe this situation as "not acclimatized".

► 我们会很委婉地说出自己的观点。

We would put forward our views in a mild and roundabout way.

► 这样做可以避免直接的冲突。

Direct conflicts can be avoided by doing so.

► 价值观念的差别确实会影响我们的管理方式。

The difference in values can indeed affect our management style.

► 文化上的差异是成功管理的一个难点。

Cultural difference is a difficult point in successful management.

跨国公司在中国

约　翰：张经理，我们公司进入中国以后，工作还算顺利，业绩也不错，但是也遇到了很多在美国从来没有遇到过的问题。

张经理：这是正常的，中国人把这种情况说成是"水土不服"。

约　翰：比如说，外籍职员会明确地把自己的想法说出来，另外，向上司提意见也很直接。

张经理：中国人肯定不会这样做，我们会很委婉地说出自己的观点，这可能是因为东方人的性格比较含蓄吧。

约　翰：这样做可以避免直接的冲突，不过我觉得这样的习惯，对工作来说有点儿缺乏主动性。

张经理：也许是吧，这是受到儒家思想的影响，并且我们的管理也缺乏激励机制。不过，这种情况也在慢慢改变。

约　翰：上次我想在公司内部选一个办公室主任，条件是工作能力要强。可是我的中国助理提醒我，人际关系也应该是选拔的标准之一。

张经理：在美国，可能是根据员工的绩效选拔；而在中国，除了看能力，还要看人际关系。特别是办公室主任这个职位，主要是和人打交道，当然要选择人际关系好的人了。

约　翰：看来，价值观念的差别确实会影响我们的管理方式。

张经理：文化上的差异是成功管理的一个难点，我们应该尽量融合多元文化，增加沟通渠道，改善管理方式，形成独特的企业文化。

约　翰：你说得非常有道理。那首先从我们两个开始吧，这个周末你陪我去茶馆，下周我和你一起去酒吧怎么样？

张经理：好啊。

课前预习 Preview

根据课文内容判断正误。True or false

1. 外国企业刚到中国会"水土不服"。 （　）
2. 中国人性格含蓄，所以会很直接地表达自己的意见。 （　）
3. 美国和中国企业选拔人才的标准是一样的。 （　）
4. 在中国，办公室主任需要擅长和别人打交道。 （　）
5. 文化的差异对企业的管理没有影响。 （　）

生 词 New words

序号	简体	繁体	拼音	词性	英文释义
1.	水土不服	水土不服	shuǐtǔ-bùfú	*idiom.*	not acclimatized
2.	外籍	外籍	wàijí	*n.*	foreign nationality
3.	明确	明確	míngquè	*adj.*	explicit
4.	上司	上司	shàngsi	*n.*	higher-up
5.	委婉	委婉	wěiwǎn	*adj.*	tactful
6.	观点	觀點	guāndiǎn	*n.*	viewpoint
7.	性格	性格	xìnggé	*n.*	character
8.	含蓄	含蓄	hánxù	*adj.*	implicit
9.	冲突	衝突	chōngtū	*v.*	conflict
10.	缺乏	缺乏	quēfá	*v.*	lack
11.	主动	主動	zhǔdòng	*adj.*	active
12.	儒家	儒家	rújiā	*n.*	Confucianism
13.	思想	思想	sīxiǎng	*n.*	thought
14.	激励	激励	jīlì	*v.*	encourage
15.	机制	機制	jīzhì	*n.*	mechanism
16.	提醒	提醒	tíxǐng	*v.*	remind
17.	人际关系	人際關係	rénjì guānxi	*NP*	interpersonal relationship
18.	选拔	選拔	xuǎnbá	*v.*	select
19.	绩效	績效	jìxiào	*n.*	performance
20.	难点	難點	nándiǎn	*n.*	difficult point

序号	简体	繁体	拼音	词性	英文释义
21.	尽量	儘量	jǐnliàng	*adv.*	as far as possible
22.	渠道	渠道	qúdào	*n.*	channel
23.	改善	改善	gǎishàn	*v.*	improve

语言点 **Language points**

1
A受到B的
影响

原文：这是受到儒家思想的影响。

用法：B对A起作用。

（1）他喜欢自己当老板，是受到父母的影响。

（2）各国股市的下跌，是受到金融危机的影响。

（3）受到同事的影响，小李也决定放弃休假。

2
之一

原文：我的中国助理提醒我，人际关系也应该是选拔的标准之一。

用法：表示一定范围内的数量或事物中的一个。

（1）这家翻译公司是中国最大的翻译公司之一。

（2）作为全球知名的快餐连锁企业，麦当劳的成功之道之一就是加盟连锁经营。

（3）万里长城是中国古代劳动人民创造的世界奇迹之一。

3
尽量

原文：我们应该尽量融合多元文化，增加沟通渠道，改善管理方式，形成独特的企业文化。

用法：副词。表示动作、行为力求达到最大限度。

（1）优秀的销售人员会尽量不让顾客感觉到他是在推销商品。

（2）要开发出适销对路的产品，就要尽量了解消费者的心理。

（3）我们会尽量争取在合同期限内完成订单的。

4
从……开始

原文：那首先从我们两个开始吧。

用法：表示从一个起点出发做一件事，后面可接用动词。

（1）从明天开始我就在那家跨国公司工作了。

（2）营销部计划从下个月开始增加广告投入。

（3）公司效益不好，从下个月开始所有员工减薪20%。

即学即用　Language in use

1. 请用"受到……的影响"完成对话。 Complete the conversations with "受到……的影响".

（1）A：他为什么会选择在跨国公司工作？

　　B：＿＿＿＿＿＿＿＿＿＿＿＿＿＿＿＿＿＿＿。

（2）A：房价怎么涨得这么快？

　　B：＿＿＿＿＿＿＿＿＿＿＿＿＿＿＿＿＿＿＿。

（3）A：今年大豆的市场价格特别高。

　　B：＿＿＿＿＿＿＿＿＿＿＿＿＿＿＿＿＿＿＿。

2. 请用"之一"回答问题。 Answer the questions with "之一".

（1）A：贵公司成立不到五年就取得了很大成功，主要原因是什么？

　　B：＿＿＿＿＿＿＿＿＿＿＿＿＿＿＿＿＿＿＿＿。

（2）A：这家公司在中国发展得怎么样？

　　B：＿＿＿＿＿＿＿＿＿＿＿＿＿＿＿＿＿＿＿＿。

（3）A：香港成为"购物天堂"的原因是什么？

　　B：＿＿＿＿＿＿＿＿＿＿＿＿＿＿＿＿＿＿＿＿。

3. 请用"尽量"完成句子。 Complete the sentences with "尽量".

（1）参加面试的时候，＿＿＿＿＿＿＿＿＿＿＿＿＿＿。

（2）中方在对员工的赔偿问题上，＿＿＿＿＿＿＿＿＿＿。

（3）顾客有要求时，＿＿＿＿＿＿＿＿＿＿＿＿＿＿。

4. 请用"从……开始"完成对话。 Complete the conversations with "从……开始".

（1）A：营销方案你准备得怎么样了？

　　B：＿＿＿＿＿＿＿＿＿＿＿＿＿＿＿＿＿＿＿。

（2）A：王秘书，我们部门的年度总结你做好了吗？

　　B：＿＿＿＿＿＿＿＿＿＿＿＿＿＿＿＿＿＿＿。

（3）A：李主任，公司这次的业务考核什么时候开始啊？

　　B：＿＿＿＿＿＿＿＿＿＿＿＿＿＿＿＿＿＿＿。

综合练习 Integrated exercises

听说练习 Listening and speaking exercises

一、根据听到的句子和它的三个应答，选择最恰当的应答。Choose the most proper responses according to the sentences and the three responses you hear.

1. （　　） A. 　　　B. 　　　C.
2. （　　） A. 　　　B. 　　　C.
3. （　　） A. 　　　B. 　　　C.
4. （　　） A. 　　　B. 　　　C.
5. （　　） A. 　　　B. 　　　C.

二、根据听到的对话，选择最恰当的答案。Choose the most proper answers according to the conversations you hear.

1. 他们公司一直很重视什么？ （　　）
   A. 公司影响　　　B. 公司失误　　　C. 公司文化　　　D. 公司效益

2. 关于玛丽的部门，下面哪一项不正确？ （　　）
   A. 经理是美国人　　　　　　B. 经理很了解中国
   C. 每天工作都很累　　　　　D. 跟经理做事很舒服

3. "苹果"的知名度为什么那么高？ （　　）
   A. 价格便宜　　　　　　　　B. 满足了消费者的需要
   C. 产品质量好　　　　　　　D. 广告做得非常好

4. 今后在中国喝可口可乐的人会怎么样？ （　　）
   A. 越来越少　　　　　　　　B. 越来越多
   C. 不会改变　　　　　　　　D. 无法判断

5. 哪个不是本土化管理的好处？ （　　）
   A. 避免文化冲突　　　　　　B. 有利于减少成本
   C. 避免和领导冲突　　　　　D. 便于快速而准确地作出决策

三、根据听到的两段话，选择正确答案。Choose the correct answers according to the two paragraphs you hear.

1~3题

1. 下面哪一项是错误的？ （ ）
   A. 麦当劳是美国快餐业老大　　　B. 麦当劳坚持美式风格
   C. 麦当劳推出油条、豆浆　　　　D. 肯德基往往采取打破常规的措施

2. 肯德基在中国的经营路线是什么？ （ ）
   A. 国际化　　　B. 全球化　　　C. 本土化　　　D. 形式化

3. 关于麦当劳在中国的定位，下面哪一项不正确？ （ ）
   A. 开始加快本土化产品研发　　　B. 为消费者提供简单而轻松的快乐
   C. 进行餐厅形象改造　　　　　　D. 麦当劳也会推出油条、豆浆

4~6题

4. 这家公司在中国成功发展的原因是什么？ （ ）
   A. 调美国人来中国本土　　　　　B. 调动管理者的积极性
   C. 调动骨干来中国本土　　　　　D. 调动当地员工的积极性

5. 以下哪个不是提拔本土员工到管理层的原因？ （ ）
   A. 便于管理　　　B. 便于交流　　　C. 便于学习　　　D. 便于正确决策

6. 本土员工表现怎么样？ （ ）
   A. 非常优秀　　　B. 展示才干　　　C. 展现创意　　　D. 以上三项

四、根据听到的内容填空。Listen to the recording and fill in the blanks.

1. 可口可乐公司实施了"3a"营销_____。
2. 用最合理的_____让消费者能买得起。
3. 可口可乐公司又提出更高层次的_____。
4. 充分考虑消费者的_____。
5. 可口可乐由单一口味向_____发展，来适应消费者的变化。

五、看图说话。Picture descriptions

　　中国某地的一家跨国快餐公司希望提高营业额。公司召开了会议，会议上赵总经理和市场开发部钱经理、销售部吴经理各抒己见。请看下面五幅图，说一说这一

会议过程。

1 2

3 4 5

六、情景会话。Situational conversations

1. A是中国人，B是在中国工作的外国人，他们是同事，他们在讨论欧美员工回家过圣诞节的时候，当地员工是否也应该放假。

2. A是中国人，B是美国人，B是A在美国留学时的同学，想在中国找工作，请A给他介绍一下中国的企业文化和特点。

七、讨论。Discussion

大批跨国企业入驻中国，是否能促进中国的经济增长，是否会对中国的当地企业造成冲击，是否会加剧环境的污染，你怎样看待这些问题？

读写练习 Reading and writing exercises

一、选词填空。Fill in the blanks with the most proper words.

| 避免 | 影响 | 缺乏 | 选拔 |
| 提醒 | 直接 | 改善 | 打交道 |

1. 秘书 _____ 王经理今天的会议改期了。

2. 由于受到金融危机的 _____，很多公司利润下降了。

3. 销售部经理必须擅长和别人 _____。

4. _____ 工作环境可以提高工作效率。

5. 最近公司 _____ 了一批年轻有为的中层管理者。

6. 在和客户产生矛盾时，要尽量 _____ 引起冲突。

7. _____ 竞争的工作环境不利于企业的发展。

8. 中国人不习惯 _____ 批评别人。

二、词语连线。Match the words.

1. 工作		a. 冲突
2. 性格		b. 顺利
3. 避免		c. 渠道
4. 激励		d. 关系
5. 人际		e. 含蓄
6. 沟通		f. 机制

三、选择正确答案。Choose the correct answers.

1. 跨国公司在异国文化中会遇到很多 _____ 没有遇到过的问题。　（　）

    A. 过来   B. 从来   C. 自来   D. 以来

2. 公司成立之初，董事会就明确指出，要把公司发展 _____ 中国餐饮业的
    "龙头老大"。　（　）

    A. 给   B. 在   C. 了   D. 成

3. 中国籍员工常常避免把想法直接说 _____。　（　）

    A. 出来   B. 上来   C. 过来   D. 起来

4. 中国的纺织品加工和出口 _____ 了经济危机极大的影响。　（　）

    A. 遇到   B. 达到   C. 受到   D. 收到

5. 在中国，人际关系也是选拔经理的标准 _____。　（　）

    A. 的一   B. 一个   C. 之中   D. 之一

四、用所给词语完成句子。Complete the sentences with the given words.

1. 他们只向大中型公司客户直接推销产品，_____。　（从来）

2. 公司应该与海外投资者加强沟通，_____。 （比如说）

3. _____，不少中小型企业纷纷倒闭。（受到……影响）

4. 大部分公司不会拖延付款，都会_____，以维持公司的信誉。

（尽量）

5. 公司打算_____。（从……开始）

五、写作。Writing

假如你是一家日资公司的职员，你们公司的日籍经理常常邀请大家在下班后一起吃饭、喝酒，这样影响了你的日常作息和家庭生活。请你给经理写一封建议信。

建议信是指个人、单位或集体向有关单位、上级机关或领导，就某项工作提出某种建议时使用的一种常用书信。

建议信一般由标题、称呼、正文、落款等四部分构成。正文包括：提出建议的原因、理由以及自己的目的、想法；建议的具体内容；提出自己希望建议被采纳；最后表示敬意或祝愿。

建议信参考例文：

建议信

市场管理处：

本市开放农副产品贸易市场，既方便了群众生活，又增加了农民收入，而且改变了某些国营商店的官商作风，深受广大群众欢迎。市场管理部门为市场繁荣做出了贡献。然而随之而来的一些亟待解决的问题是，"挤、脏、乱"现象日益严重。夏季临近，为了进一步活跃市场，改善管理，做到既方便生活，又保证卫生，特提出以下几点建议：

一、"挤"是由于人多、摊多、车多所致。建议酌情扩大现有市场面积或另辟新的市场，在市场出口处设立存车处，禁止自行车、三轮车和机动车在市场内穿行，保证市场交通秩序。

二、"脏"是由于不及时清扫、不注意保持清洁所致。建议用砖石、竹片、铁筋等砌制一些简易柜台、货架，划线编号，对号设摊；并添置一些铝制、塑料容器，登记出租。这样既可以保持市场整洁，又方便买卖交易。

以上建议仅是个人一孔之见，难免有所偏颇和疏漏，现冒昧提出，仅供参考。

此致

敬礼

王红

2012年2月18日

副课文
Further reading

肯德基在中国

肯德基是第一家进入中国的快餐连锁店，目前在中国大陆的门店数和营业额达到美国快餐业老大麦当劳的两倍。

肯德基采用"特许经营"的方式，在全世界拓展业务，至今已二十多年了。近年来，肯德基在中国大陆采用"不从零开始"的特许经营，也就是将一家成熟的、正在运营的餐厅转让给加盟者。加盟者不必从零开始，可以较快地融入肯德基的运作系统，从而极大地保障了加盟者成功的机会。肯德基对供应商从传授全新的经营管理理念到传播先进技术，从主动培训测试到积极扶持，与供应商结成了关系密切的合作伙伴。

肯德基采用的鸡肉原料100%来自中国国内，其飞速发展也带动了各类原料供应业的发展。肯德基还致力于开发适合中国人口味的产品。

肯德基公司认为，对企业文化的投资能够减少人力资源管理的费用。"餐厅经理第一"这一理念体现了公司一切围绕第一线餐厅而服务的思想，同时也鼓励各餐厅积极进取，展开良性竞争。每年，在百胜集团中国区年会上，取得优异业绩的员工会被授予刻有飞龙的金牌——"金龙奖"，极富中国特色和激励性。而对于每年在餐厅销售和管理上出色完成公司"冠军检测"考核要求的餐厅经理，公司都会给予特别礼遇。他们会从世界各地飞到百胜集团总部，与总裁共进晚餐。

生 词 New words

序号	简体	繁体	拼音	词性	英文释义
1.	连锁店	連鎖店	liánsuǒdiàn	n.	chain store
2.	营业额	營業額	yíngyè'é	n.	turnover
3.	特许	特許	tèxǔ	v.	franchise
4.	拓展	拓展	tuòzhǎn	v.	expand
5.	至今	至今	zhìjīn	adv.	up till now
6.	转让	轉讓	zhuǎnràng	v.	transfer the possession of
7.	加盟者	加盟者	jiāméngzhě	NP	joint owner
8.	保障	保障	bǎozhàng	v.	guarantee
9.	传授	傳授	chuánshòu	v.	impart
10.	扶持	扶持	fúchí	v.	support
11.	飞速	飛速	fēisù	adj.	at full speed
12.	带动	帶動	dàidòng	v.	drive
13.	致力于	致力于	zhìlìyú	VP	devote to
14.	口味	口味	kǒuwèi	n.	taste
15.	围绕	圍繞	wéirào	v.	center on
16.	第一线	第一綫	dì-yīxiàn	n.	front line
17.	进取	進取	jìnqǔ	v.	go forward
18.	展开	展開	zhǎnkāi	v.	open up
19.	良性	良性	liángxìng	adj.	benign
20.	授予	授予	shòuyǔ	v.	award
21.	金牌	金牌	jīnpái	n.	gold medal
22.	考核	考核	kǎohé	v.	examine
23.	给予	給予	jǐyǔ	v.	give
24.	礼遇	禮遇	lǐyù	n.	courteous reception

练 习　Exercises

一、根据课文内容判断正误。True or false

1. 肯德基在美国和中国都是最大的快餐企业。　　　　　　　　（　　）
2. 肯德基的加盟店不是从零做起。　　　　　　　　　　　　　（　　）
3. 特许经营对加盟者来说更有保障。　　　　　　　　　　　　（　　）
4. 肯德基要求它的供应商测试产品质量。　　　　　　　　　　（　　）
5. 肯德基的原料大部分是进口的。　　　　　　　　　　　　　（　　）
6. 表现优秀的肯德基员工可以得到"金龙奖"。　　　　　　　（　　）

二、词语连线。Match the words.

1. 转让		a. 竞争
2. 引进		b. 理念
3. 展开		c. 发展
4. 带动		d. 企业
5. 经营		e. 扶持
6. 积极		f. 技术

三、选词填空。Fill in the blanks with the most proper words.

转让	融入	引进	采用
体现	保障	拓展	致力于

1. 在外企工作，要尽快 _____ 那里的工作环境。
2. 很多外国人喜欢购买中国旗袍，_____ 出他们对中国传统文化的兴趣。
3. _____ 了新的设备以后，公司的生产效率得到了提高。
4. 企业有责任 _____ 员工的基本福利和稳定收入。
5. 本公司要在新的一年里大力 _____ 海外市场。
6. 这家企业被收购后，_____ 了新的管理模式。
7. 咨询公司 _____ 帮助企业制定合适的发展规划。
8. 本店急于 _____ ，欲购者请电话联系。

四、讨论。Discussion

1. 消费者调查

   第1题：你会选择跨国公司生产的哪类产品

	食品	日用品	服装	家用电器	汽车
跨国公司					
国有公司					

   第2题：你选择的理由

质量	外形设计	服务质量	售后保障	价格

   根据问卷结果，分析一下，跨国公司在中国的市场占有情况，阐述一下你自己的看法。

2. 大的跨国公司的产品是不是就是优质的代名词？请根据你购物的经历谈谈这个问题。

录音文本 Audio scripts

第一课　招聘秘书

综合练习

听说练习

一、根据听到的句子和它的三个应答，选择最恰当的应答。

1. 女：您好，请问贵公司要招聘行政人员吗？
   男：A. 我们人很多。
   　　B. 不，招聘销售人员。
   　　C. 结果我们会通知你。

2. 女：请问你有工作经验吗？
   男：A. 毕业一年了。
   　　B. 我想找工作。
   　　C. 我以前在另一家公司工作过。

3. 女：这个工作比较忙，你觉得自己能适应吗？
   男：A. 忙是忙啊。
   　　B. 我要多多锻炼。
   　　C. 没问题，我可以。

4. 男：你觉得作为一个合格的会计最重要的是什么？
   女：A. 做会计一定要讲诚信。
   　　B. 会计工作很难做。
   　　C. 会计年底最忙了。

5. 女：你什么时候可以来上班？
   男：A. 我上班一年了。
   　　B. 下周就可以来。
   　　C. 上班太好了。

6. 女：我什么时候能知道自己是否被录用了呢？
   男：A. 可能会跟你说。
   　　B. 录用不录用还不一定呢。
   　　C. 下周末会通知你结果。

二、根据听到的对话，选择最恰当的答案。

1. 女：你好，请问你要应聘哪个职位？
   男：我希望成为一名合格的记者。
   女：那先把你的简历留一下吧。

2. 男：你好，我想应聘。
   女：请问你工作过几年？
   男：我2008年参加工作，2009年辞职去进修了。

3. 女：我觉得我以前的工作和现在的职位关系很大。
   男：请问您以前是做什么的？
   女：我以前是会计。

4. 男：我觉得你不适合这个工作。
   女：为什么呢？
   男：我觉得你太内向了，而我们这个工作需要性格开朗的人来做。

5. 女：您好，这是人力资源部吗？
   男：是的。有什么事吗？
   女：听说贵公司正在招聘销售人员，我想应聘。
   男：好的。请你将求职信和个人简历给我，经理看后，有什么消息再通知你。

6. 男：我们这次需要一个客服、两个销售人员。
   女：好的，我马上起草招聘启事。
   男：嗯，你尽快办吧。

三、根据听到的两段话，选择正确答案。

第1题至第3题是根据下面一段话。
　　应聘者的心理准备主要有以下五个方面：

1. 社会需求。应聘者在找工作前首先要了解职业的社会需求和行业发展的趋势，做好行业前景分析，选择未来工作的领域。

2. 职业选择。选择最熟悉的行业和自己最擅长的工作，这样才能全身心地投入，才能有所发展，才能从中体会到工作的乐趣。

3. 认识自我。要了解自己的长处和不足，全面分析自己，能胜任什么职位，薪水多少合适，工作环境怎样等等，在经过仔细分析之后，再决定自己的行业。

4. 从业时间。要考虑自己准备从事某职业多长时间，如3年、5年或更长的时间，或是通过目前的职业学习一些东西，积累一些经验。

5. 薪酬。金钱是选择职业的一条较为重要的参考标准，但如果把薪金放在首位考虑，就会失掉许多适合自己的工作机会，那么，金钱也将会离你而去。

第4题至第6题是根据下面一段话。
　　应聘时要注意以下问题：

1. 不要佩戴那些叮当作响的饰品。项链、耳环、手镯以及其他各种珠宝首饰都要摘下来，只戴尽可能简单的饰品。否则，会给面试官一个不正经做事的印象。

2. 保持站立的姿势。进入面试办公室时，除非对方让你坐下，否则绝对不要随自己的意思坐下来，而应保持优雅的站立姿势。

3. 把面试官当成一个朋友。把那些面试官想象成是你的朋友，你是去拜访朋友的，这样就会产生一种温暖的感觉。你越感到温暖，就越容易达到自我推销的目的。

4. 让面试官感到自在。怎么做呢？看起来要有兴趣，不要无精打采，不要打哈欠，多微笑，让你的微笑形成一个温暖、愉快的表情。不要皱眉头或看起来很顽固。

5. 倾听并且发问。多倾听表示你对面试官的充分尊重和注意；多发问则表明你已经消化了面试官所说的话。假如面试官刚刚告诉你上班时间是上午9点到下午5点，那么随口问一下是不是规定要加班，就是一个聪明的问题。

四、根据听到的内容填空。

天天公司是一家大型企业，主要经营房地产。现因业务发展需要，需招聘高级业务秘书一名。限女性，年龄在30岁以下。要求本科及以上学历，工商管理或经济学专业，形象好，语言表达能力和文字功底较强，善于沟通，有3年以上行政工作经验者优先考虑。试用期3个月，一旦录用，薪酬在4000元以上。

有意应聘者请速发个人简历到公司人力资源部王女士处，电子邮件地址是 renshichu@hotmail.com，谢绝来访。

第二课　销售员面试

综合练习

听说练习

一、根据听到的句子和它的三个应答，选择最恰当的应答。

1. 女：你是来应聘什么工作的？
   男：A. 我是做销售工作的。
   　　B. 地区销售代表。
   　　C. 我去应聘工作。

2. 女：首先请你做一下自我介绍。
   男：A. 我叫王林，毕业于北京大学，专业是财务管理。
   　　B. 我不自己介绍，他帮我介绍。
   　　C. 谢谢！我站着介绍吧。

3. 男：你为什么放弃原来所学的专业而应聘这一职位？
   女：A. 路上堵车，来不及了。
   　　B. 我对这一职位很感兴趣。
   　　C. 家庭原因，不能继续学习原来的专业。

4. 女：你可以谈一下你的职业计划吗？
　　男：A．我想尽快通过HSK6级考试。
　　　　B．我是做会计工作的。
　　　　C．我想先从销售员做起，以后再争取更大的发展。

5. 男：什么时候可以知道面试结果？
　　女：A．你明天来面试。
　　　　B．你两天以前就知道了。
　　　　C．我们会在两周内通知你。

二、根据听到的对话，选择最恰当的答案。

1. 男：我想应聘你们公司的财务主管。
　　女：请将简历以电子邮件的方式发给我，电子邮件地址可以在网上查询到。

2. 女：我叫刘畅。请问你们公司是否招聘销售人员？
　　男：是的。请问你是学什么专业的？
　　女：我的专业是文秘。
　　男：你的专业不对口，对不起。

3. 女：我毕业以后在方正公司的人事部工作。
　　男：方正公司是一家电子公司，与我们公司有很大区别。你觉得你有什么优势吗？
　　女：我有比较强的协调能力和交际能力。

4. 男：这周末有人才招聘会吗？
　　女：你可以通过查询人才网，拨打人才热线，查阅招聘求职报纸等方式获取招聘会的信息。
　　男：谢谢。

5. 男：不好意思，我可以见王女士吗？
　　女：我就是，需要我帮忙吗？
　　男：很高兴见到您，王女士。我是应约来面试的。

三、根据听到的两段话，选择正确答案。

第1题至第3题是根据下面一段对话。

应聘者：你好，我叫李小平。

面试官：你好，请坐。我是这家公司的人事部主任，欢迎你来面试。

应聘者：非常感谢贵公司给我这次面试的机会。

面试官：我看过你的简历，你的专业是文秘，而我们公司招聘的是销售人员，你的专业和我们招聘的
　　　　岗位似乎不太对口。

应聘者：我个人觉得贵公司更看重的是我的优势和素质，而不是我的专业。

面试官：那说说你在哪些方面占优势吧。

应聘者：我以前在贸易公司做文秘工作，接触面比较广，对市场比较了解，具有一定的工作经验。除
　　　　此之外，我还具备较强的沟通能力和良好的心态。

面试官：可以说一下你未来的职业计划吗？

应聘者：一旦被录用，我希望在本职岗位上认真努力地工作，做出好成绩，然后再争取更大的发展。

面试官：你让我们看到了你的诚实和自信，谢谢你今天的出色表现。

应聘者：请问一下，我什么时候可以知道面试结果？

面试官：我们会在一个星期内给你发电子邮件通知结果的。

应聘者：好的，谢谢。

第4题至第6题是根据下面一段话。

　　为了选拔优秀人才，如今的招聘形式越来越多，有面试、测评、情景测试等，招聘长达一两个月的现象早已不足为奇。而"面试"是应聘成功的关键，面试也有很多种类，比如介绍类面试、行为类面试、挑战类面试等等。

　　就拿介绍类面试来说，它一般出现在第一轮面试中，首先要应聘者介绍自己的背景和经历。面试时，应聘者常被问到这样的问题："请你简单介绍一下自己。"这里，首先注意的是"简单"二字。也许你有十几年的工作经验，担任过的职位有十多个，但不要一一介绍。你只要给出主要工作经历就可以了，职位和工作内容选择有代表性的进行介绍。介绍时间在两分钟以内，并且要放慢语速，因为公司名字、行业、职位和工作内容对面试官来说可能比较陌生，有必要时需解释一下。介绍顺序与简历相反，从教育经历以及第一份工作开始。

四、根据听到的内容填空。

　　要想面试成功，首先要了解公司的相关信息，同时，还要了解自身的素质，找出自身与招聘职位匹配的素质。然后就是准备面试中面试官可能提出的相关问题。面试官主要考查应聘者是不是适合自己的职位，所以需要应聘者在这方面做一些准备。第一，整理公司的相关资料，站在该招聘职位上，提出一些对企业的看法。第二，找出自己适合公司的理由，以及自身具备的优势。第三，要保持积极乐观、永不放弃的态度，即使未被录用也不放弃。

第三课　这个报价高了点儿

综合练习

听说练习

一、根据听到的句子和它的三个应答，选择最恰当的应答。

1. 女：您觉得我们的产品怎么样？
   男：A. 已经进行了评估。
   　　B. 我们非常感兴趣。
   　　C. 我们是做贸易的。

2. 男：李小姐，你们的价格是不是高了点儿？
   女：A. "一分钱一分货"嘛。
   　　B. 价格再便宜一些。
   　　C. 价格是高了点儿。

3. 女：这款电视机销量怎么样？
   男：A. 这款电视机品质优良。
       B. 它一直是市场上的抢手货。
       C. 品质优良的电视机才受顾客欢迎。

4. 男：这次谈判的越方代表是谁？
   女：A. 越方代表下周来。
       B. 李华代表中方参加谈判。
       C. 出口部经理金先生。

5. 男：我方只好让步了，4700元怎么样？
   女：A. 4700元已经很低了。
       B. 这个产品4700元。
       C. 希望再便宜一些。

6. 女：你方什么时候能发货？
   男：A. 好的，我们签合同吧。
       B. 9月10日之前可以发货。
       C. 我们能够准时发货。

二、根据听到的对话，选择最恰当的答案。

1. 男：明天越方代表金先生要来商谈价格，你接待一下。
   女：好的，我去布置一下会议室。
   男：再去买一些纪念品吧。

2. 女：金先生，这些是我们公司的新产品。
   男：这款音乐手机不错，非常适合商务人士。
   女：是的，它的功能非常强大。

3. 男：这个价格太高了。
   女：俗话说"一分钱一分货"，这款液晶电视机品质优良，外形上，采用了高亮材质的黑色边框，
       底部是微笑造型的圆弧设计。
   男：不过，按这个价格买进，实在难以推销。

4. 男：这款手机多少钱？
   女：2800元，是我们的最新产品。
   男：好像比同类手机要贵四五百元，2300元怎么样？

5. 男：这次合作很愉快，非常感谢李女士。
   女：哪里，为我们的长期合作干杯！
   男：干杯！……服务员，再来一瓶。

6. 女：欢迎金先生光临我们华美公司！王经理正在开会，他让我陪您先去我们的展品室，十分钟后
       他就过来。
   男：好的，谢谢！你们公司发展得很快啊。

女：哪里，多谢您的支持。我们公司新款秋装已经上市了，请您多提意见。

三、根据听到的两段话，选择正确答案。

第1题至第3题是根据下面一段话。

商谈价格时，作为老板，绝对不可以接受对方第一次所出的价格。这个世界上没有所谓的"一口价"。举一个简单的例子，如果我是一家服装店的老板，您是顾客。您看上了我店里的一套衣服，比如说这件衣服的成本是300元。请听下面的一段对话：

顾客：老板，这衣服怎么卖？

老板：这件衣服啊，平常我都卖780，您是我今天第一位顾客，您给750，怎么样？

顾客：老板，这也太贵了，650行不行？

老板：好，可以，您拿去！

如果这样买回去，您心里肯定特别不舒服，而且您下次肯定不会再到这家店里买衣服了。那如果同样是上面的情况，我们双方都不接受对方的第一次出价，情况就不一样了：

顾客：老板，这衣服怎么卖？

老板：这件衣服啊，平常我都卖780，您是我今天第一位顾客，您给750，怎么样？

顾客：老板，这也太贵了，650行不行？

老板（笑笑）：650啊，您不要拿我开玩笑了，这可不行，这件衣服是我680进的货，您总得让我赚点儿是不是？

顾客（笑笑）：怎么不会让您赚钱呢？但您那价格也太高了。

老板（笑着说）：那您给我开个合适的价格，能够卖也就卖给您了。

顾客：那就680吧，多一分也不要了。

老板（很勉强地说）：唉，算了，看您也是真心喜欢这件衣服，我就交您这个朋友，以后多光顾我的店。

同样是买了那件衣服，还比原来贵了30元，那您现在的感觉如何呢？您会觉得这件衣服老板肯定没有赚你多少钱，而且觉得他人不错，下次还会去他那里买衣服。这就是为什么不要接受第一次出价的原因。

第4题至第6题是根据下面一段对话。

李小姐：张经理，贵公司每打塑料玩具相机的报价是多少？

张经理：每打200元。

李小姐：太高了。其他公司提供的价格都比你们低，都在170元以下。

张经理：李小姐，"一分钱一分货"，我们的产品质量好，价格自然高一些。

李小姐：如果价格低一点儿，我们可以增加订单。每打185元怎么样？

张经理：这是不可能的价格。李小姐，您一定知道，生产成本近年来提高了不少。

李小姐：185元是我们总经理的最终出价，我也没有办法。这是实际情况，我希望您能再考虑一下。

张经理：185元确实很低，但由于这是一个大订单，我想只有接受这个价格了。希望我们能够长期合作。

李小姐：谢谢您的合作。

张经理：我们的利润很少，但相信会吸引更多的客户。

四、根据听到的内容填空。

价格虽然不是谈判的全部，但毫无疑问价格的讨论依然是其主要组成部分，在任何一次谈判中通常会占据70%以上的时间。很多没有结局的谈判都是因为双方在价格上的分歧而最终导致失败的。

简单地说，卖方希望以较高的价格成交，而买方希望以较低的价格合作，这是一个普遍规律。虽然听起来很容易，但在实际的谈判中做到让双方都满意，最终达到双赢的目的却是一件并不容易的事情，这需要谈判技巧。

"好的开始是成功的一半"，第一次向客户报价时的确需要花一些时间思考。开价高，可能导致一场不成功的交易；开价低，对方也不会停止价格还盘，因为他们并不知道你的底价。

第四课 独家代理

综合练习

听说练习

一、根据听到的句子和它的三个应答，选择最恰当的应答。

1. 女：贵公司主要生产什么产品？
   男：A. 我们的产品质量非常好。
   　　B. 主要生产汽车零配件。
   　　C. 这些产品一直很抢手。

2. 女：你每年可以完成多少销售额？
   男：A. 产品销售额一直不错。
   　　B. 产品主要销往东南亚。
   　　C. 200万应该没有问题。

3. 男：他是哪家公司的代理商？
   女：A. 他们公司生产皮鞋。
   　　B. 他是"苹果"手机的代理商。
   　　C. 他是上海市独家代理商。

4. 女：什么影响了你的销量？
   男：A. 我们销量一直不太好。
   　　B. 我们每年销量达200万元。
   　　C. 现款提货不太自由。

5. 男：这款产品市场价格怎么样？
   女：A. 不统一，有些混乱。
   　　B. 品质优良，很受欢迎。
   　　C. 在市场上卖得非常好。

6. 女：如果我们授权你成为我们公司的代理商，怎么样？
   男：A. 代理商要完成一定的销量。
   　　B. 当然好了，不过我担心市场价格。

C．40万元应该没问题。

二、根据听到的对话，选择最恰当的答案。

1. 男：这一季度产品销售额比去年同期下降了3%。
   女：是的，市场竞争比较激烈。
   男：看来要想办法开拓市场，增加一些代理商。

2. 男：哪位是王老板？
   女：就是那边戴着眼镜、短头发的女士，她可是年轻有为的企业家。
   男：噢，原来是位女士啊，真厉害。

3. 女：我们公司主要生产饮料，希望您能成为我们的代理商。
   男：当然好了，希望贵公司提供优惠的条件。
   女：那当然了，不过您也得达到我们要求的销售额。

4. 男：前年、去年的销量分别是220万元、280万元。
   女：提高销量，要在广告宣传和市场开拓上下大工夫。
   男：是的，我们今年的销售目标是360万元。

5. 男：王经理，贵公司的生意越做越大啊，听说又有不少代理商加盟。
   女：哪里，都是大家的支持。我们想开拓中西部地区的市场，不知您有没有兴趣？
   男：那当然好了，找时间我们好好聊一聊。

6. 男：李老板，这是合同，如果没问题，我们就签字吧。
   女：好的，没问题。我们一定会按合同办事的。
   男：希望我们能够长期合作。

三、根据听到的两段话，选择正确答案。

第1题至第3题是根据下面一段话。

　　一位老太太每天去菜市场买菜、买水果。一天早晨，她提着篮子来到菜市场。遇到第一个卖水果的小贩，小贩问："您要买什么水果？"老太太说："你有什么水果？"小贩说："我这里有李子、桃子、苹果、香蕉，您要买哪种呢？"老太太说："我要买李子。"小贩赶忙介绍："我这个李子又红又甜又大，特好吃。"老太太仔细一看，果然如此。但她却摇摇头，没有买，走了。

　　老太太继续在菜市场转。遇到第二个小贩，小贩问老太太买什么水果，老太太说买李子。小贩接着说："我这里有很多李子，有大的、小的、酸的、甜的，您要什么样的呢？"老太太说要买酸李子。小贩说："我这堆李子特别酸，您尝尝？"老太太一咬，果然很酸，于是马上买了一斤。

　　但老太太没有回家，继续在市场转。遇到第三个小贩，同样问老太太买什么，老太太说买李子。小贩接着问她买什么李子，老太太说要买酸李子。但小贩很好奇，又接着问："别人都买又甜又大的李子，您为什么要买酸李子？"老太太说："我儿媳妇怀孕了，想吃酸的。"小贩马上说："老大妈，您对儿媳妇真好！那您知道不知道孕妇还需要什么样的营养？"老太太说不知道。小贩说："其实孕妇还需要维生素。所以光吃酸的还不够，还要多补充维生素。"他接着问："那您知道不知道什么水果含维生素比较丰富？"老太太还是不知道。小贩说："水果之中，猕猴桃含维生素比较丰富，所以您可以经常给儿媳妇买猕猴桃，这样才能生出一个漂亮健康的宝宝。"老太太很高兴，马上买了一斤猕猴桃。当老太太要离开的时候，小贩说："我天天在这里摆摊，每天进的水果都是最新鲜的，您下次来就到我这里来买，还能给您优惠。"从此以后，这个老太太每天在他这里买水果。

第4题至第6题是根据下面一段对话。

顾　问：张经理，您好。请问贵公司招人吗？

张经理：我们在招一个电工。

顾　问：请问您这个职位缺了多久了？

张经理：有半个多月了吧。

顾　问：啊？这么久了。那您不着急吗？

张经理：不急，老板也没提这个事。

顾　问：张经理，老板没提这个事可能因为他事情太多，没注意到这个问题。万一在电工没有到位这段时间，工厂的电器或电路发生问题怎么办呢？张经理，我知道您的工作一向做得很棒，老板非常认可。很多事情不怕一万，就怕万一。我建议您尽快把这个电工招到位。

张经理：你说得也有道理。

顾　问：张经理，能不能再请教您一下？

张经理：你说。

顾　问：请问您要招一般的电工还是要懂一点儿设备维修维护的？

张经理：你挺专业的。我们工厂机器比较多，电工一般都要懂一些日常维护维修。之前那个电工不懂设备，老板把他解雇了。

顾　问：那这个电工您可得认真找找。你们给的工资待遇是多少？

张经理：一个月1600块。

顾　问：张经理，坦白讲这个待遇低了一点儿，现在一般的电工大概是每月1200元到1600元，如果要懂设备维修的话，一般在每月2000元以上。

张经理：是吗？难怪我们上次只招到了一个"半桶水"的人。

顾　问：张经理，建议您跟老板提一下，一个好的电工可以为工厂节省很多钱。另外，好电工不是那么好招的。我准备给您设计一个简单的招聘方案，您觉得可以吗？

张经理：你都这么专业了，我不听你的听谁的。

四、根据听到的内容填空。

　　天华公司希望上海的客户刘先生代理销售他们的玩具。刘先生希望成为天华公司在上海的独家代理，他提出第一年的销售可以由30%增加到40%，但是需要全面的技术和营销支持。具体来说，就是希望对方为自己培训技术人员，还希望对方支付售后服务的费用。天华公司提出：培训没有问题，售后服务的费用会根据总销售额来支付年费。刘先生说听起来不错，但还要计算一下多少比例比较合适。

第五课　网上开店

综合练习

听说练习

一、根据听到的句子和它的三个应答，选择最恰当的应答。

1. 女：你为什么辞职？
   男：A. 这个工作不错。
   　　B. 工作太辛苦。
   　　C. 薪水很高。

2. 女：你觉得网上购物怎么样？
   男：A. 我买了一个MP3。
   　　B. 不少年轻人开始网上购物。
   　　C. 既省钱又方便。

3. 女：你会在网上开店吗？
   男：A. 我会试试。
   　　B. 商品很快卖出去了。
   　　C. 网上购物很方便。

4. 男：网络店家怎么送货？
   女：A. 可以使用网上银行。
   　　B. 由快递公司承担。
   　　C. 邮费由买家承担。

5. 女：这里的商品怎么样？
   男：A. 规模不大。
   　　B. 人气很旺。
   　　C. 很有特色。

6. 女：怎样经营网上店铺？
   男：A. 网上开店要讲诚信。
   　　B. 网上开店这条路很长。
   　　C. 网上开店是一种潮流。

二、根据听到的对话，选择最恰当的答案。

1. 男：你以前不是在外贸公司做秘书吗？
   女：是呀，不过做秘书太辛苦了，我现在自己开了家网店。
   男：看来做得不错啊。

2. 男：听说你开了一家网店，而且生意不错，有什么经验，交流一下吧？

女：哪里。我觉得开网店一定得有耐心，有毅力，还要有眼光。

男：看来你很有生意头脑啊。

3. 女：你在网上买的那个MP3怎么样？质量好不好？

男：质量很好，外形也很漂亮，就是颜色跟网上看到的不太一样。

女：那就不错啦，我上次买的那个用了一天就出问题了。

4. 男：你网上的小店都卖什么东西呀？

女：工艺品、化妆品、衣服什么的都卖。

男：你也可以卖点儿自己闲置的东西，一定会有人买的。

5. 男：你的店铺经营得不错啊！人气很足呀！

女：是呀，规模比以前大多了，我也更有信心了。

男：主要还是你的商品物美价廉。

6. 男：请问，你们怎么送货？费用由谁承担？

女：我们请快递公司送货上门，费用由买家承担。

男：太好了，我还以为要我自己去邮局取货呢。

三、根据听到的两段话，选择正确答案。

第1题至第3题是根据下面一段话。

确定要开一家网上店铺后，"卖什么"就成为最主要的问题了。目前个人店铺网上交易量比较大的商品包括服装服饰、化妆品、珠宝饰品、手机、家居饰品等。在这方面，网上商店与传统店铺并没有太大区别，寻找好的市场和有竞争力的产品，是成功的重要因素。

在考虑卖什么的时候，卖家一定要根据自己的兴趣和能力来确定。最好选择自己熟悉、擅长的领域，同时要确定目标顾客，从他们的需求出发选择商品。目前主流网民有两大类：一类是以游戏为主要上网目的的学生；另一类是上班族，主要是白领或者准白领。了解了主流网民的特征，就可以根据自己的资源、条件甚至是爱好来确定经营方向。特色店铺到哪里都是受欢迎的，如果能找到时尚又独特的商品，如自制饰品、玩具等商品，将是网上店铺的最佳选择。

第4题至第6题是根据下面一段话。

在网上做生意，卖家需要提供几种邮寄商品的方式。常用的邮寄方式一般有以下几种：

第一种是平邮。邮局绿单，包裹重量以每500g为一个计算单位，不足500g的按500g计算。首重费用为每500g6元，续重费用各地区不同。优点：价格便宜。缺点：速度慢，一般为15天左右邮寄到，邮局不负责派送，必须自带身份证到邮局取件。

第二种是普通快递。邮局红单，包裹首重以每1000g为一个计算单位，续重以每500g为计算单位，不足500g的按500g计算。邮费为每1000g10元，续重费用各地区不同。缺点：邮费较贵，速度较慢，10天内邮寄到，邮局不派送邮件，需要自带身份证去邮局取件。

第三种是EMS快递。邮局蓝单，包裹重量在500g内收20元，超过部分各地区不同。优点：时间快，可以上网查询快递派送情况，送货上门，物品安全有保障。缺点：邮费贵。

四、根据听到的内容填空。

随着阿里巴巴、淘宝网的崛起，以及支付宝解决支付问题后，很多人将目光投向了电子商务。怎

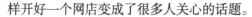

样开好一个网店变成了很多人关心的话题。

有人提出，开网店需要注意三个方面。第一，要懂得经营，要寻找便宜、合潮流、有特色的货源，产品介绍要详细，价格要合理等。否则，经营不会长久。第二，网上开店，诚信为先。开网店，一定不要骗人，你骗顾客，顾客就不信任你了。没有诚信，网店是开不长的。第三，服务态度是基础。开好一个网店，首先是要让顾客舒服，尽量满足客户的需求。服务态度不好，就很难有回头客了。

第六课　中国的电子商务

综合练习

听说练习

一、根据听到的句子和它的三个应答，选择最恰当的应答。

1. 女：您能跟我们聊聊中国电子商务起步的情况吗？
   男：A. 中国的电子商务还存在不少问题。
   　　B. 好的，中国的电子商务是十多年前开始的。
   　　C. 中国电子商务的未来会更加美好。

2. 女：淘宝网是个什么样的网站？
   男：A. 淘宝网是个网络零售网站。
   　　B. 淘宝网是2003年创立的。
   　　C. 淘宝网不错。

3. 女：电子商务包括哪些内容？
   男：A. 内容很多，包括B2B、B2C等领域。
   　　B. 我国电子商务起源于1998年。
   　　C. 发展会越来越快。

4. 男：电子商务有什么最新动态？
   女：A. 淘宝网2003年就成立了。
   　　B. 中国电子商务的未来会更加美好。
   　　C. B2C领域进一步细分。

5. 女：电子商务对全球经济有什么影响？
   男：A. 应该说带来了活力。
   　　B. 电子商务是新的商业模式。
   　　C. 电子商务刚刚起步。

6. 女：B2C是什么意思？
   男：A. B2C领域诞生了阿里巴巴网。
   　　B. 就是商家对客户的电子商务模式。
   　　C. B2C领域竞争越来越激烈。

二、根据听到的对话，选择最恰当的答案。

1. 女：我想学地地道道的英语，可是又没有时间去辅导班学习。
   男：这好办，你可以通过网络视频的方式来学习。
   女：好主意，这样我就可以利用午休时间学习了，既不耽误学习也不影响工作。

2. 男：我想买一件羽绒服，你陪我一起去行吗？
   女：这一来一回就要半天的时间，还不如在网上订购，既省时间又省钱。
   男：好，我这就在网上查查。

3. 男：我们认为，电子商务是一个新兴的渠道，未来五年用户会不断壮大，对我们公司来说，无论在哪方面都会有所提升。
   女：未来肯定很美好，但是需要冷静。我希望在未来五年，我们会做得更好。
   男：我觉得未来社会化分工一定会越来越细。我相信未来一定会出现大量的、在每一个环节上都非常专业的外包服务商。

4. 男：给我介绍几个比较好的购物网站吧？
   女：买服饰、化妆品，淘宝网是很多人的首选，要是买书那当然是当当网、亚马逊网了。
   男：当当和亚马逊相比，哪个更好？

5. 男：在中国，电子商务才兴起十多年，但发展速度还是挺快的，出现了当当、亚马逊、阿里巴巴、淘宝等优秀网站。
   女：在发达国家，已经非常成熟了。
   男：看来，我们还是与先进国家有一定差距的。不过中国的电子商务明天会更美好。

6. 男："网上购物"起源于20世纪90年代，有些公司从那时起就打破传统在互联网上出售商品。
   女：像沃尔玛这样的大型超市也建立了自己的互联网主页。
   男：真可谓是商铺销售和网络销售两不误啊！

三、根据听到的两段话，选择正确答案。

第1题至第3题是根据下面一段话。

　　原戴尔全球采购副总裁于刚对自己所从事的电子商务事业充满信心，他说："我是非常看好电子商务这个行业的，否则我的搭档刘峻岭和我也不会辞掉世界500强高管的职位来创业，我的目标很明确，就是要做电子商务。目前来看，极少有一个行业可以像电子商务一样每年都在以翻倍的速度发展。沃尔玛近几年的发展速度是7%~10%，而电子商务巨头亚马逊的年增速达到约30%。"

　　在于刚看来，中国的电子商务目前还只处于"婴儿阶段"，因此，比成熟市场有更多的机会。现在，中国网民总数已经超过美国人口总数，但美国网购人数占其全部人口的75%，中国则只有25%左右，而且，中国网购消费者年均消费额仅为美国消费者的1/5。于刚认为，这是差距，更是中国电子商务的潜力。

第4题至第6题是根据下面一段话。

　　据商务部不完全统计，2005年我国电子商务交易额达7400亿元，比上年增长50%。2004年中国大约有400万网商，现在网商的数量已经超过8000万。同时，企业网商的交易规模不断扩大，企业网商的网上交易额从2005年的9.85%，增长为现在的16.62%。

在B2C方面，2005年中国市场规模达到41.3亿元。2006年度，京沪穗有超过400万人在网上购物，其中近290万人曾在淘宝网上购物，90余万人曾在易趣网上购物，近30万人曾在拍拍网上购物。在当当网有过购物经历的人数大致与在易趣网有过购物经历的人数相当，在亚马逊网有过购物经历的人数也达到近80万。

在C2C方面，淘宝网商品数目相当于国内一家大型百货商场商品数目的10倍。2005年淘宝网第一季度10.2亿元的成交额已经是北京某著名百货商店全年销售额的3倍多，相当于4家家乐福门店、6家中国沃尔玛门店的水平。淘宝网已成为整个亚洲商品规模最大的网上购物平台，目前可供产品的品种已超过9000万种。

四、根据听到的内容填空。

尽管不少品牌商家纷纷开出B2C模式来抢占网购市场，不过调查显示，目前的网购市场依然是C2C占主体，占网购总金额的82.5%，B2C仅占17.5%。在C2C购物网站中，淘宝占据了近97.6%的市场份额，成为中国最大的电子商务平台。

据市场调查分析，中国的电子商务体系高速发展。从商品类别来看，网购用户支出主要集中在服装配饰、护理美容、消费电子及家居家装这四大领域的产品上。中美两国电子商务商品消费类别作比对时可以发现，除了服装配饰类的交易额非常接近外，其他的几个类别都存在比较大的差异。在中国，护理美容类商品交易额比例远远高于美国，而美国在图书和家居家装上的花费比例远远高于中国。在电子类消费品的消费上，中国也明显高于美国。

第七课　高位库存

综合练习

听说练习

一、根据听到的句子和它的三个应答，选择最恰当的应答。

1. 女：最近美国汽油的库存有什么变化？
   男：A. 汽油价格比较稳定。
   　　B. 汽油库存增加了560万桶。
   　　C. 私人汽车越来越多。

2. 女：3月底空调还有多少库存量？
   男：A. 达到1万台。
   　　B. 空调质量不好。
   　　C. 库存多风险大。

3. 女：海尔空调的库存为什么比较少？
   男：A. 海尔空调基本达到零库存。
   　　B. 采取了即需即供的生产模式。
   　　C. 海尔空调库存比其他空调少。

4. 男：你知道库存量大会带来什么后果吗？

　　女：A. 我们公司库存量较大。

　　　　B. 6月底库存量达到1万台。

　　　　C. 我知道，资金周转会出现问题。

5. 女：为什么公司库存量较大？

　　男：A. 公司库存量很大。

　　　　B. 产品销售很好。

　　　　C. 产品质量差导致滞销是主要的原因。

6. 女：高位库存现象会给公司的发展带来什么影响？

　　男：A. 给公司带来很大的压力。

　　　　B. 最近价格有所提高。

　　　　C. 我们的产品很受欢迎。

二、根据听到的对话或讲话，选择最恰当的答案。

1. 男：传统的物流商业模式是产品由厂家总仓再到分仓，然后到批发商，最后再到店铺和消费者个人，一般有五六道的物流程序。我们把在这个程序中做仓储服务的部门叫"物流公司"。

2. 女："海峡两岸暨港澳经济合作与发展大会"是一个以产业界为主、结合市场需求的经济性行业大会。大会采取大陆、港、澳、台四地轮流举办的模式，以物流产业为主导，集中对物流产业问题进行讨论。

3. 女：零库存对全球企业来说都是一件很难的事，海尔是怎么做的？特别是在当前的经济危机中，货已经很不好卖了。

　　男：碰到金融危机，能不能把零库存坚持下去确实是一个挑战。有人可能会想：现在就是把产品摆在这儿都不一定能卖出去，我们还零库存，能行吗？我们内部就有很多反对意见。这时候，如果你不坚持，说："反正也卖不出去，库存有点儿就有点儿吧。"这样可能表面上看销售收入上去了，但是实际上可能就会带来更大的风险。所以一定要坚持原则。

4. 男：传统的物流行业在接受互联网这种新技术以后改造了自己，但是改造以后的物流行业却没有能够为互联网提供足够的配送服务。也就是说，互联网为物流行业提供了服务，而物流行业却没有为互联网提供服务。这个问题我发现了，我觉得这是一个很好的商机，这也是物流行业面临的一个新挑战。

5. 女：李总您好，能否请您简单地介绍一下顺发网的情况？

　　男：好的。顺发网是一个新型物流公司，目前是给中国的电子商务企业提供一站式的物流服务，包括仓库管理、代收货款和物流信息化管理等。目前在上海、广州设有运营中心，今后将在北京、杭州、深圳建立运营中心，目前为大概1000家的电子商客户提供物流服务。

6. 女：海尔已经为应对金融危机做好了哪些准备？

　　男：海尔应对金融危机的具体思路主要是三个方面：一是产品创新，要为用户提供解决问题的方案；二是商业模式创新，要实施零库存下的即需即供；三是机制创新，要建立人单合一的自主经营体。

三、根据听到的两段话，选择正确答案。

第1题至第3题是根据下面一段对话。

男：我们想跟你们讨论一下货物运输问题。

女：根据国际贸易惯例，我们通常采用水上运输、铁路运输、空中运输和汽车运输，贵方认为哪种运输方式合适？

男：空运的费用太高了，对我们不合适。我们请贵方通过海路和铁路发货。

女：没问题。我们可以为运输提供能装5000吨货物的集装箱船。

男：很好。我们急需这些货物，请问贵方用什么样的港口？

女：不是季节性港口，而是方便的、常年使用的港口。我们最大限度地利用现有港口条件运货。

男：非常感谢。运价怎么样？

女：大宗货物运价。

男：可以。贵方应办理一切检疫手续和海关手续。

女：当然了，等我们办理完所有手续之后，就来办理装运提单。

男：贵方什么时候可以给我们提供第一批货物？

女：今年年底。

男：这对我们很合适。供货时应考虑这是大包货物。

女：请放心，我们尽力在商定期限内完成运输任务。

男：当货物起运时，请贵方通知我方。

女：我们会在装船后的3天内，用传真通知贵方。内容包括船的名称、发货日期、目的港、货物名称、数量、价格、提单号码和合同号码。

男：谢谢。

第4题至第6题是根据下面一段话。

海尔认为，企业之间的竞争已经从过去直接的市场竞争转向客户竞争。海尔CRM联网系统就是要实现零距离销售，也就是通过拆除企业与客户之间的"墙"，从而达到快速获取客户订单并快速满足用户需求的目的。

传统管理模式下的企业根据生产计划进行采购，但由于不知道市场在哪里，所以是为库存采购，企业里有许许多多的"水库"。海尔现在实施信息化管理，即按照计算机系统的采购计划，需要多少，采购多少；然后由计算机进行配套操作，把配置好的零部件直接送到生产线。海尔在全国建有物流中心系统，无论在全国什么地方，海尔都可以快速送货，实现JIT配送。

四、根据听到的内容填空。

据了解，从2008年8月份开始，海尔就已经开始试行从工厂直接到卖场的短渠道策略。通过缩短渠道，减少库存，最终达到零库存的状态。

这种商业模式最大的特点就是取消仓库，实行零库存下的即需即供。根据市场对产品的反映，海尔一般会提前3周作市场预测，提前两周确定生产型号并开始生产，生产好的产品直接就进入卖场，交到消费者手里。

这种全新的商业模式，经过半年运作，使海尔获得很大发展。据了解，由于减少了库存损失，海尔去年的利润增幅是其收入增幅的两倍。

第八课　我建议您投保一切险

综合练习

听说练习

一、根据听到的句子和它的三个应答，选择最恰当的应答。

1. 女：您好，我们有一批贵重物品要运往法国。
   男：A. 请问，这里是包装公司吗？
   　　B. 请问，需要专门的包装材料吗？
   　　C. 谢谢，我们的包装材料很好。

2. 女：你们能否在包装箱上印上原产国标志？
   男：A. 我们向来都是这么做的。
   　　B. 我们一定会小心的。
   　　C. 我们会用专门的包装材料的。

3. 女：这批货很重要，不能出一点儿差错。
   男：A. 我们会通知你的。
   　　B. 我们会和你联系的。
   　　C. 我们会特别注意的。

4. 男：请问，您想投保哪一种险？
   女：A. 我们的货物很重要。
   　　B. 还是平安险吧。
   　　C. 一切险的赔偿范围最大。

5. 女：我建议您投保一切险，它的赔偿范围大。
   男：A. 就听你的吧。
   　　B. 这批货物很贵重。
   　　C. 这是景德镇瓷器。

6. 女：请问，您要运什么货？
   男：A. 需要专门的包装材料。
   　　B. 是景德镇瓷器。
   　　C. 一定要防震。

二、根据听到的对话，选择最恰当的答案。

1. 女：我们明天就可以把这批货物包装好。
   男：由于南方地区连降大雨，造成了水灾，一些道路都被淹没了，所以我想请求你们推迟装运这批货物。
   女：那好吧，我们等您的通知。

2. 男：我想告诉您的是，当这批罐头运到东京时，发现已经不能食用了。

女：怎么会呢？我们采用的是特殊的包装材料，而且在运输过程中没有发生任何损坏。

男：这是通过卫生局检查后发现的，至于什么原因，你们得好好找找了。

3. 女：贵方在报价时提出在11月份交货。为什么要定得那么晚呢？

　　男：我们订单比较多，并且原材料订购也需要一些时间。

　　女：但我认为怎么也要不了3个月。

4. 男：贵方说收到布料后，发现布料面上有很多斑点。但我们在装船之前都进行了仔细的检查，布料没有任何斑点。而且我们还持有检查机关的产品合格证明书。

　　女：如果是这样的话，那么说明货物在装上船之前确实没有问题。但我们收到的布料都有斑点，很多客户都退了货。

　　男：请问贵方投保了哪种险？

5. 男：您看看这批货的包装，怎么样？

　　女：用这种包装材料怎么行呢？何况我们这批货物非常贵重。所以我们希望更换包装。

　　男：那包装费用可要提高了。

三、根据听到的两段话，选择正确答案。

第1题至第3题是根据下面一段话。

　　产品包装离不开包装材料，在包装设计中合理选用包装材料，可以起到节约资源、减少污染的作用。

　　人类最早采用的包装材料都是天然材料，对环境没有损害。但是，一味使用天然材料会造成资源缺乏，导致自然灾害。随着现代工业的发展，一些工业化产品，如塑料等，成了常用的包装材料，商品包装就不需要再使用天然材料了。但由此也造成了严重的环境污染，威胁着人类的健康。因此，消费者对商品包装提出了越来越高的要求。随着绿色革命的兴起，绿色包装成了21世纪市场竞争的重要方面，可以肯定，带有浓厚的人性化设计气息的绿色包装产品，将在未来的市场中具有更强的生命力和竞争力。

第4题至第6题是根据下面一段对话。

男：总的来说，贵公司的商品在质量上无可挑剔，很受欢迎。

女：是吗？有什么不足的地方还请您给我们指出来，比如我们的设计、包装等方面。

男：噢，对了，说到包装，我倒正想提点儿意见。坦率地说，贵公司的商品包装对消费者缺乏吸引力。您是知道的，商品的优劣，要买了以后才知道，而包装的作用是刺激消费者的购买欲，使消费者一见就想买。

女：是啊。请您说得再具体一点儿好吗？

男：比如说，你们的纸盒硬度不够，容易变形，因而缺乏高雅感。再说纸盒的外观设计，图案和色彩都有点儿……怎么说好呢？纸盒里装的是象征着中国传统文化的工艺品，这是一种别的国家做不出来的高级艺术品，应该让消费者一看外包装，就产生一种肃然起敬和爱不释手的感情。您理解我的意思吗？

女：理解，您的意思是说外观不能体现商品的内在价值，是吧？

男：是的。就因为这么点儿美中不足，好好的高级商品在市场竞争中输给质量平平的其他国家的产品，我们看了感到十分可惜。

女：感谢您给我们提出了宝贵的意见。最近，我们也注意到出口包装的问题，正在努力改进。

男：那太好了，希望我的意见对你们有用。

四、根据听到的内容填空。

　　进入冬季，天气干燥，房屋的火灾风险加剧，一旦发生相关事故，可能会造成无法挽回的损失。在做好预防工作的同时，还可以通过购买家庭财产险来为自己的家居财物和房屋增添保障。

　　据了解，在国外发达国家，家庭财产保险的投保率可达80%以上，而在中国，以北京为例，目前家庭财产险投保率却不足1%。家庭财产险保障的是个人家庭财产，不同的保险公司有着不同的特点和保障范围。对于部分贵重物品，如珠宝、金银或红木家具等，也可通过约定赔偿限额进行投保。家庭财产险保费从一百多元到几千元不等，保障期限多为一年。

第九课　跨国公司如何保持竞争优势

综合练习

听说练习

一、根据听到的句子和它的三个应答，选择最恰当的应答。

1. 女：中国入世的保护期结束了，对跨国公司有什么影响？
   男：A. 中国人喜欢保护自己。
   　　B. 有机遇，也有挑战。
   　　C. 应该保护自己。

2. 女：跨国公司该如何保持竞争优势？
   男：A. 产品质量很好。
   　　B. 工厂很大。
   　　C. 人才很关键。

3. 女：为什么中国市场的竞争越来越激烈？
   男：A. 外国公司大量进入中国。
   　　B. 对，比以前更激烈了。
   　　C. 竞争是不可避免的。

4. 女：怎样才能在国际竞争中立于不败之地？
   男：A. 我们公司取得了很大成功。
   　　B. 要积极面对，制定成功的战略。
   　　C. 国际竞争越来越激烈。

5. 女：跨国公司怎样融入国外市场？
   男：A. 要不断开拓国外市场。
   　　B. 国外市场存在一些问题。
   　　C. 我认为一定要实现本土化。

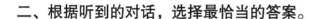
二、根据听到的对话，选择最恰当的答案。

1. 男：小陈，你刚到我们部门工作，感觉怎么样？
   女：我觉得我们部门的气氛特别好，虽然同事们来自多个不同的国家，但是很多问题都能达成一致。
   男：多元化的价值观通过沟通能够形成统一的意见，这种文化的融合一定能提升企业的竞争力。

2. 男：小李，你为什么一定要到大公司去呢？在这里，你已经是部门经理了，说不定很快就会升职。
   女：我觉得跨国公司有雄厚的经济实力作支撑，技术研发方面具有很大优势。我是搞技术的，当然要向有利的方向发展。
   男：你分析得有道理。

3. 男：我觉得公司各方面的管理虽然很严格，但是很科学。
   女：当然了，毕竟是有着百年历史的老牌跨国公司，不仅积累了一整套科学的管理制度，而且还拥有一大批受过良好教育、经验丰富的管理者。
   男：是啊，这也是跨国公司企业经营的优势之一呀。

4. 男：和了解情况的本地企业相比，跨国公司的优势在哪里？
   女：除了技术、资金方面的优势，他们还有一系列独特的市场调查、产品促销和广告宣传等营销技巧。
   男：难怪消费者很快就能接受跨国公司的新品牌。

5. 男：刘经理，贵公司和各国的分公司加起来，一共有几万人吧？
   女：我们公司资产额大、销售额大、雇员人数多，是一个独立运行的庞大经济体，规模优势有助于提高经营效率和降低经营成本。
   男：这样也就增强了公司的竞争力。

三、根据听到的两段话，选择正确答案。

第1题至第3题是根据下面一段对话。

李秘书：张总，受到金融危机的影响，今年我们公司的利润有所下降，是否要减少公益捐助方面的开支？

张　总：小李，你知道吗？有社会责任感的企业才能更好地面对危机，承担社会责任对跨国公司来说，也是核心竞争力的一个组成部分。

李秘书：我觉得企业不裁员、不减薪就是在承担社会责任。

张　总：你说得不错。不过，越是在困难的时候，越需要企业支持公益事业，这样，不仅可以帮助社会，也可以帮助企业自身树立良好的形象，以便在今后的竞争中获得更好的发展。

李秘书：您真是有远见的大企业家。

第4题至第6题是根据下面一段对话。

男：小李，你知道总经理为什么这么高兴吗？

女：因为咱们公司已被批准在上海成立国家级地区总部。听说被批准的公司中大部分是工业制造业企业，我们是唯一一家服务性企业。

男：那太好了。我们公司入驻中国市场二十多年，一直保持高速的发展和优良的业绩。

女：对，我们能不断地开发出更适合中国消费者需求的食品，全靠有一支实力雄厚的专业研发队伍。

男：其实，市场部也很有开拓性，很多营销策略都很成功，有的广告深入人心。

女：我们是一家经验丰富的跨国企业，在很多方面都具有相当的竞争优势。

四、根据听到的内容填空。

加入WTO后，中国的经济发展进入了一个新的阶段。中国企业的经营环境更加复杂，竞争更加激烈。中国企业将面临在更大范围和空间内与国际著名跨国公司的直接竞争。

中国目前有两千多家上市公司，但与国际著名跨国公司相比还存在着较大差距。这些公司应承担起与国际著名跨国公司直接竞争的重任。为了迎接入世挑战，抓住机遇，有条件的上市公司应坚决实施"走出去"战略，寻找跨国公司经营的最佳渠道和方式，最终发展成为立于世界经济之林的中国跨国公司。

第十课　跨国公司在中国

综合练习

听说练习

一、根据听到的句子和它的三个应答，选择最恰当的应答。

1. 女：你们公司进入中国以后，遇到过新的问题吗？
   男：A. 当然了，这是经理的错。
   　　B. 当然了，这是很正常的事。
   　　C. 当然了，这是不能接受的。

2. 女：中国人会直接给上司提意见吗？
   男：A. 经常提意见。
   　　B. 上司是外国人。
   　　C. 不会，中国人比较委婉。

3. 女：他的工作能力怎么样？
   男：A. 人际关系很好。
   　　B. 工作能力很强。
   　　C. 工作非常努力。

4. 女：文化背景的差异对企业管理有影响吗？
   男：A. 有，有很大影响。
   　　B. 有，文化要融合。
   　　C. 有，企业管理很重要。

5. 女：文化因素对跨国经营活动有什么影响？
   男：A. 文化不可忽视。
   　　B. 影响是全方位的。
   　　C. 文化差异很大。

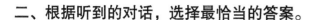

二、根据听到的对话，选择最恰当的答案。

1. 男：张总，有人说，跨国公司出现重大失误，大部分是因为忽视了文化差异造成的，这可能吗？
   女：当然可能了，文化因素对企业管理的影响至关重要。
   男：好在咱们公司对这方面一直很重视。

2. 男：玛丽，你们部门的人好像每天工作都很开心。
   女：是啊，因为我们的部门经理虽然是美国人，但是他很了解中国，也了解中国人的文化和心理，
   　　所以跟他一起做事让人觉得很舒服。
   男：你们真的很幸运。

3. 男：提到手机，你会想到什么牌子？
   女：当然是"苹果"。这家公司非常注重用户的需求，研发的产品受到各国消费者的欢迎。
   男：难怪它的产品知名度那么高。

4. 男：可口可乐公司的目标是，在未来十年内实现销售额翻一番，中国市场是它的重要市场。
   女：现在中国已经是可口可乐的第三大销售市场了。
   男：但是，他们相信今后增长的业务中60%会来自中国。

5. 男：刘经理，听说我们公司今年在中国当地的招聘人数比去年增加了20%。
   女：对，这样可以更好地利用中国的人力资源，实行本土化管理，可以避免产生激烈的文化冲突，
   　　有利于减少成本。
   男：毕竟中国人更了解中国的法律法规、风土人情，这样也便于快速、准确地作出决策。

三、根据听到的两段话，选择正确答案。

第1题至第3题是根据下面一段对话。

女：小李，你看到了吗？我们公司附近开了一家肯德基。

男：上个月麦当劳刚刚开张，这两家的竞争真够白热化的。

女：其实，我觉得这两家跨国餐饮公司的经营定位并不一样。作为美国快餐业的老大，麦当劳一直执
　　著地坚持着浓浓的美式风格，他们的汉堡很吸引人，他们肯定不会去卖油条、豆浆的。

男：是啊，肯德基虽说是更早地进入了中国市场，但是面对强大的竞争对手，往往采取打破常规的措
　　施。你看，肯德基的菜单上，中国人的家常菜越来越多了。

女：中国人对菜式变化的追求不是西方人可以想象的，肯德基不但很了解这一点，而且在努力迎合本
　　土的餐饮文化。

男：难怪肯德基对外宣称："中国肯德基是中国人的肯德基。"

女：是啊，这方面麦当劳没有那么及时。虽然麦当劳也开始加快本土化产品的研发，但产品形式仍是
　　麦当劳最传统的汉堡。

男：我知道，麦当劳提出的全新品牌理念是"为快乐腾一点儿空间"，对餐厅形象进行改造，为消费
　　者提供简单而轻松的快乐。

女：看来肯德基是将本土化进行到底，而麦当劳是进行形象改造。不过，不少人并不看好麦当劳的形
　　象改造，认为这不会从根本上改变麦当劳的洋快餐形象，对业绩提升也不会带来明显拉动。

男：我也觉得，麦当劳要追赶肯德基，必须考虑到中国人的饮食习惯，研发本土化产品，只有这样，
　　才能在中国快速扩张。

第4题至第6题是根据下面一段对话。

记者：总裁先生，您好。贵公司是世界上最大的能源公司之一，产油量高，还是全球最大的汽车燃油零售商。你们在中国的发展也很成功。请您给我们介绍一下宝贵经验。

总裁：我认为要在中国实现大的发展，调动当地员工的积极性是必不可少的。我们提拔了一大批的本土员工到管理层，使他们成为在华业务的骨干力量。

记者：您这样做的理由是什么？

总裁：相同的文化、相同的语言更容易交流，也有利于公司管理。同时，在处理外部事物中也有很多有利条件。比如说，当面对政府出台的一些新的政策时，本土员工更容易作出准确的判断和分析，从而有效地调整企业的发展方向。

记者：结果怎么样？

总裁：他们表现得非常优秀，在公司为其提供的舞台上充分地展示出了自己的才干和创意。

四、根据听到的内容填空。

自1979年可口可乐公司重新进入中国后，如何能满足中国消费者的需求成为可口可乐公司首先考虑的问题。可口可乐公司根据中国市场的状况，实施了"3a"营销策略：即"买得到、买得起、乐得买"。"买得到"就是伸出手就可以满足，当消费者有解渴的需要时，随处都可以买得到；"买得起"就是用最合理的价格让消费者能买得起；"乐得买"就是必须保持良好的品质，使消费者得到深层次的满足。

随着市场的不断变化，消费者的消费观念也随之变化，可口可乐公司又提出了更高层次的原则，就是做到"无处不在、物有所值、心中首选"的原则。可口可乐公司不断适应市场变化，充分考虑消费者的需求，使产品由单一口味向多元化发展，来适应消费者的变化。

答案 Answer keys

第一课　招聘秘书

课前预习

根据课文内容判断正误。

1. √　2. √　3. √　4. ×　5. ×

即学即用（仅供参考）

1. （1）在国际贸易知识方面
   （2）在公司管理方面
   （3）在解决办法方面
2. （1）以及相关部门的负责人
   （2）以及是如何发展的
   （3）以及宣传推广方案
3. （1）有工作经验的员工往往对新环境适应性较强
   （2）据权威专家称，这种病是遗传性的
   （3）近年来，中国经济保持着一种持续性增长的势头
4. （1）该校学习商务汉语的人数已不少于300人
   （2）贵公司的最终报价高于我们的心理价位，所以只能以后再合作了
   （3）网上商店销售价格比较便宜的原因是其成本低于店铺销售

综合练习

听说练习

一、根据听到的句子和它的三个应答，选择最恰当的应答。

1. B　　2. C　　3. C

4. A　　5. B　　6. C

二、根据听到的对话，选择最恰当的答案。

1. D　　2. D　　3. C
4. A　　5. C　　6. B

三、根据听到的两段话，选择正确答案。

1. C　　2. A　　3. B
4. B　　5. B　　6. A

四、根据听到的内容填空。

1. 秘书　　　　2. 工商管理
3. 3年以上　　4. 4000元以上
5. 应聘　　　　6. 人力资源

读写练习

一、选词填空。

1. 挑战　2. 经验　3. 勤奋　4. 简要
5. 评价　6. 应聘　7. 具备　8. 接受

二、词语连线。（仅供参考）

1. c　2. f　3. a　4. e　5. d　6. b

三、选择正确答案。

1. C　　2. B　　3. D
4. A　　5. C　　6. A

四、用所给词语完成句子。（仅供参考）

1. 应作简要的自我介绍
2. 对他评价很高

3. 你再不好好工作
4. 从今天开始
5. 就不要做了
6. 不管是否会被录用

副课文练习

一、根据课文内容回答问题。

1. 人事经理。
2. 简单介绍一下自己。
3. 有礼貌，有耐心，擅长沟通。
4. 喜欢用自己的方式做事情，而忽略了主管人员制定的工作程序。
5. 是否具有团队精神。
6. 五方面：一是确认应聘者的简历是否属实；

二是考查应聘者的应对能力；三是考查应聘者的性格与人品；四是考查应聘者是否认同公司的理念；五是考查应聘者是否具有团队精神。

7. 行政人员要懂得收集信息、分析现状、及时汇报并善于正确处理各类问题。

二、选择合适的关联词语。

1. C   2. A   3. A
4. D   5. A

三、选词填空。

1. 应对   2. 考查   3. 发挥   4. 忽略
5. 介绍   6. 理念   7. 提供   8. 行政
9. 素质   10. 团队

第二课 销售员面试

课前预习

根据课文内容选择正确答案。

1. B   2. C   3. A
4. C   5. B

即学即用（仅供参考）

1.（1）出生于
  （2）成立于
  （3）诞生于
2.（1）最近消费者对饮料类商品的满意度不断下滑
  （2）在中国市场上的数码类产品中，"三星"的人气比较高
  （3）随着不断的发展，公司对管理类人才的需求越来越高
3.（1）想象力
  （2）购买力
  （3）理解力

（4）创造力
（5）领导力

综合练习

听说练习

一、根据听到的句子和它的三个应答，选择最恰当的应答。

1. B   2. A   3. B
4. C   5. C

二、根据听到的对话，选择最恰当的答案。

1. A   2. B   3. D
4. C   5. C

三、根据听到的两段话，选择正确答案。

1. C   2. B   3. B
4. D   5. C   6. B

四、根据听到的内容填空。

1. 面试　2. 素质　3. 职位
4. 优势　5. 放弃

读写练习

一、选词填空。

1. 接触　2. 放弃　3. 争取　4. 兼职
5. 具备　6. 占优势　7. 看重　8. 积累
9. 诚实　10. 亲和力

二、用下列词语造句。（仅供参考）

1. 这位导游毕业于大连外国语学院
2. 我曾经去过俄罗斯
3. 他放弃高薪去一家小公司做经理助理
4. 领导更看重员工勤奋的工作态度
5. 要做好销售工作，需要积累人脉资源

三、选择正确答案。

1. B　　2. A　　3. D
4. B　　5. C

四、用所给词语完成句子。（仅供参考）

1. 谁也不想轻易放弃
2. 看重应聘者的素质和能力
3. 在价格上占优势
4. 具备良好的职业道德
5. 曾经为找不到工作而伤心过
6. 争取获得好业绩
7. 积累经验

副课文练习

一、根据课文内容判断正误。

1. ×　2. ×　3. ×　4. √　5. √　6. √

二、词语连线。（仅供参考）

1. f　2. a　3. b　4. c
5. g　6. e　7. d

三、选词填空。

1. 丰厚　　2. 实实在在　　3. 证明
4. 出色　　5. 优厚　　6. 制定
7. 对症下药

第三课　这个报价高了点儿

课前预习

根据课文内容选择正确答案。

1. B　　2. C　　3. D
4. C　　5. C　　6. B

即学即用（仅供参考）

1.（1）俗话说"大树底下好乘凉"，和大企业合作比较安全
　（2）俗话说"民以食为天"，餐饮业是最赚钱的行业
　（3）俗话说"巧妇难为无米之炊"

　（4）俗话说"用人不疑，疑人不用"
2.（1）对方很满意我们货品的质量，但价格上还要再考虑一下
　（2）这款车性能不错，但款式上有点儿陈旧
　（3）项目经理重点介绍了新装设计上和制作上的新思路
3.（1）一般按秒计算，黄金时段价格非常高
　（2）要按这个计划做，争取早点儿实现目标
　（3）应按合同要求的日期交货
4.（1）难以推销出去
　（2）难以应对，纷纷倒闭
　（3）难以完成

综合练习

听说练习

一、根据听到的句子和它的三个应答，选择最恰当的应答。

1. B　　2. A　　3. B
4. C　　5. C　　6. B

二、根据听到的对话，选择最恰当的答案。

1. D　　2. D　　3. B
4. A　　5. D　　6. B

三、根据听到的两段话，选择正确答案。

1. A　　2. B　　3. B
4. D　　5. A　　6. B

四、根据听到的内容填空。

1. 价格　2. 谈判　3. 合作
4. 报价　5. 还盘

读写练习

一、选词填空。

1. 评估　2. 俗话　3. 负责　4. 造型
5. 品质　6. 试销　7. 响应　8. 采用
9. 推销　10. 性能

二、根据所给例子完成下列词语搭配。（仅供参考）

1. 质量评估　产品设计　广告宣传

2. 设计　性能　技术
3. 网络营销　电视广告宣传　Windows系统
4. 完成任务　提高水平　取得成功
5. 手机　化妆品　新产品
6. 数码相机　洗衣机　手机

三、用所给词语完成句子。（仅供参考）

1. 俗话说"上梁不正下梁歪"
2. 一直是市场上的抢手货
3. 式样上
4. 按合同要求的日期
5. 对我们的产品感兴趣
6. 难以完成
7. 只能将目标定在中低价位上
8. 如果不考虑市场需求

副课文练习

一、根据课文内容判断正误。

1. √　2. ×　3. ×　4. √　5. ×　6. √

二、选择正确答案。

1. B　　2. D　　3. A　　4. D
5. A　　6. C　　7. B

三、选词填空。

1. 目标　2. 吃亏　3. 肯定　4. 获得
5. 属于　6. 程度　7. 范围　8. 上乘
9. 敏感　10. 价位

第四课　独家代理

课前预习

根据课文内容选择正确答案。

1. D　　2. A　　3. D

4. A　　5. D

即学即用（仅供参考）

1.（1）这个项目已经取得了阶段性成果

（2）公司还缺乏制度性规定

（3）公司组织开展群众性技术创新活动

2.（1）一言为定，我们一定准时交货

（2）一言为定，恭候各位的到来

（3）一言为定，不见不散

综合练习

听说练习

一、根据听到的句子和它的三个应答，选择最恰当的应答。

1. B　　2. C　　3. B

4. C　　5. A　　6. B

二、根据听到的对话，选择最恰当的答案。

1. B　　2. B　　3. C

4. D　　5. C　　6. A

三、根据听到的两段话，选择正确答案。

1. A　　2. D　　3. C

4. C　　5. D　　6. B

四、根据听到的内容填空。

1. 独家　　2. 支持　　3. 培训　　4. 销售额

读写练习

一、选词填空。

1. 授权　　2. 配合　　3. 代理　　4. 缺货

5. 销量　　6. 进货　　7. 承诺　　8. 统一

9. 损失　　10. 差价

二、根据所给例子完成下列词语搭配。（仅供参考）

1. 标准　要求　规定

2. 质量问题　资金周转问题　生意谈不成

3. 企业信誉　销路　工作

4. 产量　收入　收益

5. 经营　工作　宣传

6. 计划　项目　任务

三、用所给词语完成句子。（仅供参考）

1. 为了使这次谈判取得成功

2. 只是价格有点儿高

3. 也不想在政府工作

4. 而经验还不够丰富

5. 但是我喜欢这家公司的氛围

6. 就需要先了解客户的需求

7. 承诺100%补差价

8. 统一的生产标准

副课文练习

一、根据课文内容选择正确答案。

1. D　　2. B　　3. C

4. D　　5. C

二、填写合适的量词。（仅供参考）

1. 家　　2. 次　　3. 套　　4. 份　　5. 项

6. 位　　7. 种　　8. 家　　9. 种　　10. 个

三、选词填空。

1. 认可　　2. 回报　　3. 品牌　　4. 标准

5. 赢得　　6. 协调　　7. 开发　　8. 折扣

9. 开业　　10. 洽谈

第五课　网上开店

课前预习

根据课文内容选择正确答案。

1．D　　2．B　　3．A
4．C　　5．C

即学即用（仅供参考）

1．（1）劳动强度
　　（2）难度太大
　　（3）很有深度
2．（1）比如围巾、香水什么的
　　（2）比如有民族特色的小香包、钱包什么的
　　（3）比如坐地铁、打的什么的
3．（1）生活区之内
　　（2）7天之内
　　（3）50人之内

综合练习

听说练习

一、根据听到的句子和它的三个应答，选择最恰当的应答。

1．B　　2．C　　3．A
4．B　　5．C　　6．A

二、根据听到的对话，选择最恰当的答案。

1．C　　2．A　　3．D
4．A　　5．B　　6．B

三、根据听到的两段话，选择正确答案。

1．A　　2．B　　3．C
4．B　　5．C　　6．C

四、根据听到的内容填空。

1．网店　2．经营 合潮流　3．诚信　4．服务

读写练习

一、选词填空。

1．本来　2．货源　3．秘诀　4．诚信
5．潮流　6．人气　7．承担

二、词语连线。（仅供参考）

1．b　2．c　3．e　4．a　5．d

三、选择正确答案。

1．C　　2．B　　3．A
4．D　　5．B　　6．C

四、用所给词语完成句子。（仅供参考）

1．本来我打算今天去爬山
2．比如宫保鸡丁、鱼香肉丝什么的
3．成为一名合格的员工
4．在一个星期之内完成
5．由王经理负责
6．最初我想去北京读研究生

副课文练习

一、根据课文内容选择正确答案。

1．C　　2．D　　3．D
4．A　　5．B

二、选择正确答案。

1．A　　2．B　　3．C
4．D　　5．B

三、选词填空。

1．快速　2．高手　3．最佳　4．理由
5．高效　6．保证　7．分享　8．频繁
9．同样　10．上升

第六课 中国的电子商务

课前预习

根据课文内容选择正确答案。

1. B 2. B 3. B
4. C 5. D

即学即用（仅供参考）

1.（1）给中国经济带来了很大的活力
（2）给世界各地经济带来了巨大的活力
（3）给低迷的市场带来了巨大的活力
2.（1）使成本大大提高了
（2）使生产效率大大提高了
（3）使科学与生产的关系越来越密切了
3.（1）无论产品质量还是服务质量
（2）无论公司数量还是从业人员数量
（3）无论在面料的选择上还是在产品的外形上
4.（1）除了新星贸易公司以外，还有许多子公司
（2）除了日本、韩国等亚洲国家以外，我还去过法国、德国、美国等欧美国家
（3）除了拥有质量高的产品以外，还需要有完善的售后服务
5.（1）标志着中国人的思想发生了巨大的变化
（2）标志着该企业的产品是值得信赖的
（3）标志着电子商务已深入到百姓的生活中

综合练习

听说练习

一、根据听到的句子和它的三个应答，选择最恰当的应答。

1. B 2. A 3. A
4. C 5. A 6. B

二、根据听到的对话，选择最恰当的答案。

1. C 2. B 3. A
4. B 5. D 6. D

三、根据听到的两段话，选择正确答案。

1. D 2. D 3. A
4. C 5. B 6. A

四、根据听到的内容填空。

1. 模式 2. C2C 3. 份额
4. 领域 5. 服装 6. 家居家装

读写练习

一、选词填空。

1. 宣布 2. 细分 3. 界限 4. 逐渐
5. 配送 6. 起步 7. 模式 8. 诞生
9. 领域 10. 动态

二、词语连线。（仅供参考）

1. e 2. b 3. a 4. c 5. d

三、选择正确答案。

1. B 2. A 3. C
4. B 5. D

四、用所给词语完成句子。（仅供参考）

1. 给各大企业带来了很大的影响
2. 无论是卖方还是买方
3. 还到其他五家公司面试过
4. 都将大大加强
5. 标志着北京国际车展已经跻身于全球著名车展之列
6. 使员工们更加努力工作了

副课文练习

一、根据课文内容回答问题。（仅供参考）

1. 不流行。
2. 安全问题未解决，并且PC携带不方便。
3. 使用方便，并且安全。
4. 屏幕大小和携带之间的矛盾无法解决。
5. 解决手机的便携性和可用性的矛盾。
6. PC机和手机结合。

二、选择合适的关联词语。

1. C　　2. B　　3. C
4. A　　5. D

三、选词填空。

1. 体积　2. 控制　3. 长处　4. 弥补
5. 矛盾　6. 开展　7. 时代

第七课　高位库存

课前预习

根据课文内容选择正确答案。

1. A　　2. C　　3. D
4. A　　5. B

即学即用（仅供参考）

1. （1）中国政府正在就大学生就业难这种情况采取各种解决措施
　　（2）各国就如何保护环境这一问题有着不同的看法
　　（3）现在，我们公司的产品还有大量库存，今天请大家就这个问题发表自己的意见
2. （1）高达200公里
　　（2）高达5600万元
　　（3）高达54元，太贵了
3. （1）水资源一旦缺乏，人类的生存就会受到威胁
　　（2）爸爸一旦找不到工作，我们一家人的生活就会面临困难
　　（3）一旦发生金融危机，很多企业都会破产
4. （1）与大城市相比，小城市人少更适合居住
　　（2）与发达国家相比，发展中国家人们的生活水平还比较低
　　（3）与飞机相比，火车的速度比较慢

综合练习

听说练习

一、根据听到的句子和它的三个应答，选择最恰当的应答。

1. B　　2. A　　3. B
4. C　　5. C　　6. A

二、根据听到的对话或讲话，选择最恰当的答案。

1. B　　2. C　　3. A
4. D　　5. C　　6. D

三、根据听到的两段话，选择正确答案。

1. A　　2. D　　3. D
4. B　　5. A　　6. D

四、根据听到的内容填空。

1. 卖场　2. 模式　3. 3周　4. 库存

读写练习

一、选词填空。

1. 表明　2. 相对　3. 造成　4. 显示
5. 确实　6. 贬值　7. 分别　8. 下跌

二、词语连线。（仅供参考）

1. b　2. f　3. e　4. a　5. d　6. c

三、选择正确答案。

1. B　　2. A　　3. A
4. A　　5. B　　6. D

四、用所给词语完成句子。（仅供参考）

1. 今年公司的利润高达6000万元
2. 这里的地铁一旦建成
3. 直到今天
4. 给公司造成了不好的影响
5. 表明双方都有合作的愿望
6. 我确实不知道

副课文练习

一、根据课文内容选择正确答案。

1. B　　2. B　　3. D　　4. A

二、选择正确答案。

1. A　　2. C　　3. C
4. D　　5. B　　6. D

三、选词填空。

1. 断裂　2. 策略　3. 倒闭　4. 依次
5. 用量　6. 采用　7. 零售

第八课　我建议您投保一切险

课前预习

根据课文内容选择正确答案。

1. B　　2. C　　3. A
4. B　　5. C

即学即用（仅供参考）

1.（1）向来就热情好客
　（2）向来是我们厂追求的目标
　（3）向来就是人们生存的基础
2.（1）除非亲眼看见
　（2）除非公司去开拓更多不同的领域
　（3）除非公司倒闭
3.（1）我们公司处于绝对优势
　（2）他们都很认真努力
　（3）我们生产的空调最受消费者欢迎
4.（1）我们就参加不了展览会开幕式
　（2）万一遇到危险
　（3）你就打电话给我

综合练习

听说练习

一、根据听到的句子和它的三个应答，选择最恰当的应答。

1. B　　2. A　　3. C
4. B　　5. A　　6. B

二、根据听到的对话，选择最恰当的答案。

1. C　　2. A　　3. B
4. D　　5. B

三、根据听到的两段话，选择正确答案。

1. B　　2. A　　3. D
4. D　　5. C　　6. B

四、根据听到的内容填空。

1. 风险　2. 损失　3. 80%
4. 范围　5. 一年

读写练习

一、选词填空。

1. 照　　2. 运往　　3. 满足　　4. 赔偿
5. 碰撞　　6. 建议　　7. 印　　8. 投保

二、词语连线。（仅供参考）

1. d　2. c　3. a　4. f　5. b　6. e

三、选择正确答案。

1. B　　2. A　　3. D
4. A　　5. A　　6. A

四、用所给词语完成句子。（仅供参考）

1. 我们向来守信用
2. 除非你投保一切险
3. 既然大家都没有意见

4. 万一误了飞机，麻烦可就大了
5. 通常是上午9点上班，下午5点下班
6. 从销售情况来看

副课文练习

一、根据课文内容选择正确答案。

1. C　　2. B　　3. A
4. A　　5. D

二、选择正确答案。

1. A　　2. C　　3. B
4. D　　5. B

三、选词填空。

1. 面临　2. 降低　3. 采取　4. 调度
5. 利用　6. 确保　7. 使用

第九课　跨国公司如何保持竞争优势

课前预习

根据课文内容判断正误。

1. √　2. ×　3. √　4. ×　5. ×

即学即用（仅供参考）

1.（1）拿我们酒店来说，客人数量比以往翻了一番
　（2）拿金融行业来说，裁员、减薪的情况非常普遍
　（3）拿日立（HITACHI）来说，一天就卖了一百多台

2.（1）第一是多听；第二是多说；第三是和当地人交朋友
　（2）第一是产品质量问题；第二是新产品的研发；第三是售后服务
　（3）第一是有能力；第二是有胆识；第

三是有善于抓住机遇

3.（1）正步入人口老龄化阶段
　（2）全球化
　（3）尽量简化

4.（1）不少学校也开始商业化运作
　（2）公司希望设计出标准化的产品
　（3）这款产品太复杂了，应该简单化

5.（1）我个人认为，主要是产品需要更新换代
　我个人认为，雄厚的资金和技术力量是跨国公司的最大优势
　（3）我个人认为，广告是很好的渠道

6.（1）充分了解对手才能使自己立于不败之地
　（2）只有知己知彼，才能立于不败之地
　（3）只有充分做好准备工作，才能立于不败之地

综合练习

听说练习

一、根据听到的句子和它的三个应答，选择最恰当的应答。

1. B   2. C   3. A
4. B   5. C

二、根据听到的对话，选择最恰当的答案。

1. C   2. C   3. D
4. C   5. D

三、根据听到的两段话，选择正确答案。

1. C   2. B   3. D
4. B   5. C   6. D

四、根据听到的内容填空。

1. 阶段   2. 面临   3. 差距   4. 战略

读写练习

一、选词填空。

1. 保持   2. 取胜   3. 追求   4. 倾听
5. 开拓   6. 调整   7. 激烈   8. 研发

二、词语连线。（仅供参考）

1. c   2. e   3. g   4. d
5. b   6. a   7. f

三、选择正确答案。

1. B   2. A   3. D
4. C   5. B

四、用所给词语完成句子。（仅供参考）

1. 随着技术力量的提高
2. 拿研发来说，每年就要投入6000万
3. 还远销东欧和东南亚国家
4. 但是与中国公司的合作是最多的
5. 才能增强企业活力

副课文练习

一、根据课文内容判断正误。

1. ×   2. ×   3. √   4. ×   5. ×   6. √

二、词语连线。（仅供参考）

1. b   2. d   3. a   4. f   5. e   6. c

三、选词填空。

1. 融合   2. 分布   3. 调动   4. 满足
5. 疑问   6. 为期   7. 意味着   8. 交流

第十课 跨国公司在中国

课前预习

根据课文内容判断正误。

1. √   2. ×   3. ×   4. √   5. ×

即学即用（仅供参考）

1.（1）主要是受到父亲的影响，他父亲年轻时就在跨国公司工作
（2）受到全球经济的影响，房价从去年开始就一路上涨
（3）这是受到市场上大豆大幅减产的影响
2.（1）畅通的销售渠道是公司成功的原因之一
（2）这家公司已成为中国最大的女鞋零售商

（3）原因之一就是品种丰富，只有你想不到的，没有买不到的

3．（1）要尽量提前做好准备

（2）尽量多给予员工一些经济上的补偿

（3）我们要尽量满足顾客的一切要求

4．（1）我从去年就开始着手准备，现在正在做进一步的修改

（2）我们从上个星期开始起草，明天可以把材料交给您

（3）从下个月开始，每个员工要参加

综合练习

听说练习

一、根据听到的句子和它的三个应答，选择最恰当的应答。

1．B　　　2．C　　　3．B

4．A　　　5．B

二、根据听到的对话，选择最恰当的答案。

1．C　　　2．C　　　3．B

4．B　　　5．C

三、根据听到的两段话，选择正确答案。

1．C　　　2．C　　　3．D

4．D　　　5．C　　　6．D

四、根据听到的内容填空。

1．策略　　2．价格　　3．原则

4．需求　　5．多元化

读写练习

一、选词填空。

1．提醒　　2．影响　　3．打交道　　4．改善

5．选拔　　6．避免　　7．缺乏　　8．直接

二、词语连线。（仅供参考）

1．b　　　2．e　　　3．a

4．f　　　5．d　　　6．c

三、选择正确答案。

1．B　　　2．D　　　3．A

4．C　　　5．D

四、用所给词语完成句子。（仅供参考）

1．对零售业务从来都是不屑一顾的

2．比如说，公司应该提供一些资料供海外投资者了解

3．受到金融危机的影响

4．尽量一次付清

5．从下半年开始开拓东南亚市场

副课文练习

一、根据课文内容判断正误。

1．×　　2．√　　3．√　　4．×　　5．×　　6．√

二、词语连线。（仅供参考）

1．d　　　2．f　　　3．a

4．c　　　5．b　　　6．e

三、选词填空。

1．融入　　2．体现　　3．引进　　4．保障

5．拓展　　6．采用　　7．致力于　　8．转让

总词表 Vocabulary

一般词语

简体	繁体	拼音	词性	英文释义	所在课
B					
拜访	拜訪	bàifǎng	v.	pay a visit	L4
包装	包裝	bāozhuāng	v.	pack	L8
保护期	保護期	bǎohùqī	NP	protection period	L9
保守	保守	bǎoshǒu	adj.	conservative	L7
保险费	保險費	bǎoxiǎnfèi	n.	insurance premium	L8
保障	保障	bǎozhàng	v.	guarantee	L10副
保证	保證	bǎozhèng	v.	guarantee	L5副
报价	報價	bàojià	v.	quote price	L3
本地	本地	běndì	n.	local	L7副
本来	本來	běnlái	adv.	originally	L5
本土	本土	běntǔ	n.	native country	L9
必备	必備	bìbèi	v.	be indispensable	L1副
边框	邊框	biānkuàng	n.	frame	L3
贬值	貶值	biǎnzhí	v.	devaluate	L7
便携	便攜	biànxié	adj.	portable	L6副
标价	標價	biāojià	n.	tag price	L5副
标准	標準	biāozhǔn	adj.	standard	L4副
标准	標準	biāozhǔn	n.	standard	L1副
标准化	標準化	biāozhǔnhuà	v.	standardize	L9
表明	表明	biǎomíng	v.	manifest	L7
补	補	bǔ	v.	make up	L4
不足	不足	bùzú	n.	deficiency	L6副
C					
财务	財務	cáiwù	n.	f inancial affairs	L2
材质	材質	cáizhì	n.	material	L3
采访	采訪	cǎifǎng	v.	have an interview with	L7

采取	采取	cǎiqǔ	v.	adopt	L8副
采用	采用	cǎiyòng	v.	adopt	L3
策略	策略	cèlüè	n.	tactics	L7副
侧面	侧面	cèmiàn	n.	side	L2副
层次	層次	céngcì	n.	level	L2
层级	層級	céngjí	n.	hierarchy	L6副
曾经	曾經	céngjīng	adv.	once	L2
差错	差錯	chācuò	n.	error	L8
差价	差價	chājià	n.	price difference	L4
差异	差異	chāyì	n.	difference	L7
查询	查詢	cháxún	v.	inquire about	L6副
长处	長處	chángchù	n.	strong points	L6副
潮流	潮流	cháoliú	n.	trend	L5
沉	沉	chén	adj.	heavy	L5副
成本	成本	chéngběn	n.	cost	L7
承担	承擔	chéngdān	v.	bear	L5
程度	程度	chéngdù	n.	degree	L3副
承诺	承諾	chéngnuò	v.	promise	L4
诚实	誠實	chéngshí	adj.	honest	L2
诚信	誠信	chéngxìn	n.	credibility	L5
程序	程序	chéngxù	n.	procedure	L1副
诚意	誠意	chéngyì	n.	sincerity	L3副
吃亏	吃虧	chīkuī	v.	suffer losses	L3副
冲突	衝突	chōngtū	v.	conflict	L10
出口部	出口部	chūkǒubù	NP	export department	L3
出色	出色	chūsè	adj.	remarkable	L2副
除此以外	除此以外	chúcǐyǐwài	idiom.	besides	L6
除非	除非	chúfēi	conj.	unless	L8
传授	傳授	chuánshòu	v.	impart	L10副
创新	創新	chuàngxīn	v.	innovate	L9
瓷器	瓷器	cíqì	n.	porcelain	L8
辞职	辭職	cízhí	v.	resign	L5
从此	從此	cóngcǐ	adv.	from this time on	L5副
从而	從而	cóng'ér	conj.	thus	L8副
促进	促進	cùjìn	v.	boost	L9副
存在	存在	cúnzài	v.	exist	L7
措施	措施	cuòshī	n.	measure	L8副

D					
打字	打字	dǎzì	v.	typewrite	L1
带动	帶動	dàidòng	v.	drive	L10副
代理	代理	dàilǐ	v.	act on behalf of someone in a responsible position	L4
代理商	代理商	dàilǐshāng	n.	agent	L4
待遇	待遇	dàiyù	n.	treatment	L2副
单位	單位	dānwèi	n.	unit (as an organization,department,division,section,etc.)	L2
诞生	誕生	dànshēng	v.	be born	L6
当时	當時	dāngshí	n.	then	L6
档案	檔案	dàng'àn	n.	files	L1
倒闭	倒閉	dǎobì	v.	bankrupt	L7副
低迷	低迷	dīmí	adj.	sluggish	L6
底价	底價	dǐjià	n.	base price	L3
第三方	第三方	dì-sānfāng	NP	the third party	L7副
第一线	第一綫	dì-yīxiàn	n.	front line	L10副
调动	調動	diàodòng	v.	arouse	L9副
调度	調度	diàodù	v.	dispatch	L8副
调研	調研	diàoyán	v.	investigate and survey	L3副
店铺	店鋪	diànpù	n.	store	L5
电子	電子	diànzǐ	n.	electron	L6
订货	訂貨	dìnghuò	v.	order goods	L3
动态	動態	dòngtài	n.	dynamic state	L6
动心	動心	dòngxīn	v.	one's desire, enthusiasm or interest is aroused	L5
独家	獨家	dújiā	adj.	exclusive	L4
端庄	端莊	duānzhuāng	adj.	dignified	L1
锻炼	鍛煉	duànliàn	v.	exercise	L2
断裂	斷裂	duànliè	v.	break	L7副
对手	對手	duìshǒu	n.	opponent	L2副
对症下药	對症下藥	duìzhèng-xiàyào	idiom.	prescribe the right remedy for an illness	L2副
多元	多元	duōyuán	adj.	multi-element	L9副
E					
而	而	ér	conj.	but	L5副
F					
发挥	發揮	fāhuī	v.	bring into play	L1副

法宝	法寶	fǎbǎo	*n.*	magic key	L2副
范围	範圍	fànwéi	*n.*	scope	L3副
防震	防震	fángzhèn	*v.*	shockproof	L8
放弃	放棄	fàngqì	*v.*	give up	L2
飞速	飛速	fēisù	*adj.*	at full speed	L10副
分辨率	分辨率	fēnbiànlù	*n.*	resolution	L3
分别	分別	fēnbié	*adv.*	respectively	L7
分布	分布	fēnbù	*v.*	spread	L9副
分化	分化	fēnhuà	*v.*	differentiate	L7
分析	分析	fēnxī	*v.*	analyze	L1副
分享	分享	fēnxiǎng	*v.*	share	L5副
分销	分銷	fēnxiāo	*v.*	distribute	L9
份额	份額	fèn'é	*n.*	share	L2副
丰厚	豐厚	fēnghòu	*adj.*	substantial	L2副
风险	風險	fēngxiǎn	*n.*	risk	L7
扶持	扶持	fúchí	*v.*	support	L10副

G

该	該	gāi	*pron.*	the above-mentioned	L2副
改善	改善	gǎishàn	*v.*	improve	L10
高管	高管	gāoguǎn	*n.*	senior executive	L9
高手	高手	gāoshǒu	*n.*	master-hand	L5副
高危期	高危期	gāowēiqī	*NP*	high-risk period	L7
高位	高位	gāowèi	*n.*	altitude	L7
高效	高效	gāoxiào	*adj.*	efficient	L5副
个体户	個體户	gètǐhù	*n.*	self-employed entrepreneur	L7
供不应求	供不應求	gōngbùyìngqiú	*idiom.*	demand exceeds supply	L3副
公共关系	公共關係	gōnggòng guānxi	*NP*	public relations	L1
供求	供求	gōngqiú	*v.*	supply and demand	L3副
工艺品	工藝品	gōngyìpǐn	*n.*	art work	L5
供应链	供應鏈	gōngyìngliàn	*NP*	supply chain	L9
供应商	供應商	gōngyìngshāng	*NP*	supplier	L7副
沟通	溝通	gōutōng	*v.*	communicate	L1副
雇员	雇員	gùyuán	*n.*	employee	L9副
观点	觀點	guāndiǎn	*n.*	viewpoint	L10
关键	關鍵	guānjiàn	*n.*	key	L9
规划	規劃	guīhuà	*n.*	planning	L2副
归还	歸還	guīhuán	*v.*	return	L7

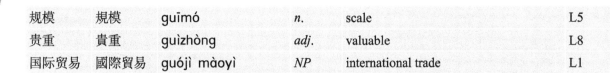

规模	规模	guīmó	n.	scale	L5
贵重	貴重	guìzhòng	adj.	valuable	L8
国际贸易	國際貿易	guójì màoyì	NP	international trade	L1

H

海运	海運	hǎiyùn	v.	sea transport	L8副
含蓄	含蓄	hánxù	adj.	implicit	L10
毫无疑问	毫無疑問	háowú-yíwèn	idiom.	no doubt	L9副
好感	好感	hǎogǎn	n.	favorable impression	L2副
合理	合理	hélǐ	adj.	rational	L3副
合群	合群	héqún	adj.	sociable	L1副
核心	核心	héxīn	n.	core	L7副
忽略	忽略	hūlüè	v.	neglect	L1副
花费	花費	huāfèi	v.	spend	L9副
环节	環節	huánjié	n.	link	L8副
还盘	還盤	huánpán	n.	counter-bid	L3
回报	回報	huíbào	v.	pay back	L4副
活力	活力	huólì	n.	vigor	L6
获得	獲得	huòdé	v.	acquire	L3副
货柜	貨櫃	huòguì	n.	container	L8副
货号	貨號	huòhào	n.	article number	L5副
货源	貨源	huòyuán	n.	supply of goods	L5

J

积累	積累	jīlěi	v.	accumulate	L2
激励	激励	jīlì	v.	encourage	L10
激烈	激烈	jīliè	adj.	fierce	L6
机遇	機遇	jīyù	n.	opportunity	L9
机制	機制	jīzhì	n.	mechanism	L10
级别	級別	jíbié	n.	rank	L5副
集装箱	集裝箱	jízhuāngxiāng	n.	container	L8副
给予	給予	jǐyǔ	v.	give	L10副
季节性	季節性	jìjiéxìng	n.	seasonality	L4
既然	既然	jìrán	conj.	since	L8
技术	技術	jìshù	n.	technology	L7
绩效	績效	jìxiào	n.	performance	L10
加快	加快	jiākuài	v.	speed up	L8副
加盟者	加盟者	jiāméngzhě	NP	joint owner	L10副

加深	加深	jiāshēn	*v.*	deepen	L9副
价位	價位	jiàwèi	*n.*	price level	L3副
兼职	兼職	jiānzhí	*v.*	do a part-time job	L2
简历	簡歷	jiǎnlì	*n.*	resume	L1副
简要	簡要	jiǎnyào	*adj.*	brief	L1
僵局	僵局	jiāngjú	*n.*	deadlock	L4副
接触	接觸	jiēchù	*v.*	get in touch with	L2
阶段	階段	jiēduàn	*n.*	stage	L9
接口	接口	jiēkǒu	*n.*	interface	L3
接受	接受	jiēshòu	*v.*	accept	L1
结合	結合	jiéhé	*v.*	combine	L6副
节约	節約	jiéyuē	*v.*	economize	L8副
解释	解釋	jiěshì	*v.*	explain	L7
界限	界限	jièxiàn	*n.*	boundary	L6
金牌	金牌	jīnpái	*n.*	gold medal	L10副
尽量	儘量	jǐnliàng	*adv.*	as far as possible	L10
进货	進貨	jìnhuò	*v.*	replenish stock	L4
进取	進取	jìnqǔ	*v.*	go forward	L10副
进修	進修	jìnxiū	*v.*	engage in advanced studies	L1
精神	精神	jīngshén	*n.*	spirit	L1副
经销商	經銷商	jīngxiāoshāng	*NP*	distributor	L7
经验	經驗	jīngyàn	*n.*	experience	L1
经营	經營	jīngyíng	*v.*	operate	L5
井喷	井噴	jǐngpēn	*v.*	blow out	L6副
竞争力	競爭力	jìngzhēnglì	*NP*	competitiveness	L9
就	就	jiù	*prep.*	with regard to	L7
举止	舉止	jǔzhǐ	*n.*	manner	L1
具备	具備	jùbèi	*v.*	possess	L1

		K			
开发	開發	kāifā	*v.*	develop	L4副
开拓	開拓	kāituò	*v.*	exploit	L9
开展	開展	kāizhǎn	*v.*	carry out, launch	L6副
看重	看重	kànzhòng	*v.*	regard as important	L2
考核	考核	kǎohé	*v.*	examine	L10副
考验	考驗	kǎoyàn	*v.*	test	L6
可行	可行	kěxíng	*adj.*	feasible	L2副
客户	客户	kèhù	*n.*	client	L4

课题	課題	kètí	*n.*	a question for study or discussion	L6副
肯定	肯定	kěndìng	*adv.*	definitely	L3副
空运	空運	kōngyùn	*v.*	air transport	L8副
控制	控制	kòngzhì	*v.*	control	L6副
口号	口號	kǒuhào	*n.*	slogan	L8副
口味	口味	kǒuwèi	*n.*	taste	L10副
库存	庫存	kùcún	*n.*	inventory	L7
跨国公司	跨國公司	kuàguó gōngsī	*NP*	multi-national corporation	L9
快递	快遞	kuàidì	*n.*	express delivery	L5
会计	會計	kuàijì	*n.*	accounting; accountant	L1
快速	快速	kuàisù	*adj.*	fast	L5副
款式	款式	kuǎnshì	*n.*	style	L3副

			L		
老板	老闆	lǎobǎn	*n.*	boss	L4
乐意	樂意	lèyì	*v.*	be willing to	L8副
类型	類型	lèixíng	*n.*	category	L2
理性	理性	lǐxìng	*n.*	rationality	L5副
理由	理由	lǐyóu	*n.*	reason	L5副
礼遇	禮遇	lǐyù	*n.*	courteous reception	L10副
历程	歷程	lìchéng	*n.*	course	L5副
利润	利潤	lìrùn	*n.*	profit	L3副
连锁店	連鎖店	liánsuǒdiàn	*n.*	chain store	L10副
良性	良性	liángxìng	*adj.*	benign	L10副
零部件	零部件	língbùjiàn	*NP*	components and parts	L7副
零售	零售	língshòu	*v.*	retail	L3副
领域	領域	lǐngyù	*n.*	field	L6
流通	流通	liútōng	*v.*	circulate	L8副
路线	路綫	lùxiàn	*n.*	route	L7副
录用	録用	lùyòng	*v.*	employ	L1
陆运	陸運	lùyùn	*v.*	land transport	L8副

			M		
卖场	賣場	màichǎng	*n.*	sales f ield	L7副
矛盾	矛盾	máodùn	*n.*	contradiction	L6副
弥补	彌補	míbǔ	*v.*	make up	L6副
秘诀	秘訣	mìjué	*n.*	secret (of success)	L5
面临	面臨	miànlín	*v.*	be faced with	L8副

面试	面試	miànshì	v.	interview	L1
敏感	敏感	mǐngǎn	adj.	sensitive	L3副
明确	明確	míngquè	adj.	explicit	L10
名校	名校	míngxiào	n.	elite school	L2
模糊	模糊	móhu	adj.	vague	L6
模式	模式	móshì	n.	pattern	L6

N					
难点	難點	nándiǎn	n.	difficult point	L10
难以	難以	nányǐ	adv.	difficult to	L3
能力	能力	nénglì	n.	ability	L1副

P					
泡沫	泡沫	pàomò	n.	bubble	L6
赔偿	賠償	péicháng	v.	compensate	L8
配	配	pèi	v.	find something to fit	L3
配合	配合	pèihé	v.	coordinate	L4
配送	配送	pèisòng	v.	distribute	L6
碰撞	碰撞	pèngzhuàng	v.	collide	L8
批发	批發	pīfā	v.	wholesale	L3副
频繁	頻繁	pínfán	adj.	frequent	L5副
品质	品質	pǐnzhì	n.	quality (of commodities, etc.)	L3
平安险	平安險	píng'ānxiǎn	NP	FPA	L8
平等	平等	píngděng	adj.	equal	L4副
评估	評估	pínggū	v.	evaluate	L3
评价	評價	píngjià	v.	evaluate	L1
平台	平台	píngtái	n.	platform	L6副

Q					
起步	起步	qǐbù	v.	start	L6
洽谈	洽談	qiàtán	v.	talk over with	L4副
千辛万苦	千辛萬苦	qiānxīn-wànkǔ	idiom.	all kinds of hardships	L4副
潜力	潛力	qiánlì	n.	potential	L1副
潜逃	潛逃	qiántáo	v.	abscond	L7
强度	強度	qiángdù	n.	intensity	L5
抢手货	搶手貨	qiǎngshǒuhuò	n.	hot-seller	L3
勤奋	勤奮	qínfèn	adj.	diligent	L1
倾听	傾聽	qīngtīng	v.	listen to	L9

求职	求職	qiúzhí	v.	hunt for a job	L2副
渠道	渠道	qúdào	n.	channel	L10
取胜	取勝	qǔshèng	v.	win	L9
全	全	quán	adv.	entirely	L5
全球	全球	quánqiú	n.	the whole world	L6
缺乏	缺乏	quēfá	v.	lack	L10
缺货	缺貨	quēhuò	v.	be out of stock	L4
确保	確保	quèbǎo	v.	ensure	L8副

R

让步	讓步	ràngbù	v.	make a concession	L3
人才	人才	réncái	n.	talent	L1副
人际关系	人際關係	rénjì guānxi	NP	interpersonal relationship	L10
人力资源	人力資源	rénlì zīyuán	NP	human resources	L1
人品	人品	rénpǐn	n.	moral quality	L1副
人气	人氣	rénqì	n.	popularity	L5
人事	人事	rénshì	n.	personnel matters	L1副
认可	認可	rènkě	v.	approve	L4副
认同	認同	rèntóng	v.	approve	L1副
融合	融合	rónghé	v.	blend	L9副
融洽	融洽	róngqià	adj.	harmonious	L1副
肉脯	肉脯	ròufǔ	n.	dried meat slice	L5副
如何	如何	rúhé	pron.	how	L1副
儒家	儒家	rújiā	n.	Confucianism	L10
入世	入世	rùshì	v.	become a member of WTO	L9
软件	軟件	ruǎnjiàn	n.	software	L9副
弱势	弱勢	ruòshì	n.	the disadvantaged	L4副

S

擅长	擅長	shàncháng	v.	be good at	L1副
上乘	上乘	shàngchéng	adj.	of superior quality	L3副
上当	上當	shàngdàng	v.	be cheated	L5
上升	上升	shàngshēng	v.	rise	L5副
上市	上市	shàngshì	v.	be listed	L6
上司	上司	shàngsi	n.	higher-up	L10
设备	設備	shèbèi	n.	facility	L4副
胜任	勝任	shèngrèn	v.	be competent for	L2副
时代	時代	shídài	n.	times	L6副

实实在在	實實在在	shíshízàizài	*adj.*	down-to-earth	L2副
市场价	市場價	shìchǎngjià	*NP*	market price	L5副
试销	試銷	shìxiāo	*v.*	trial sale	L3
试用期	試用期	shìyòngqī	*n.*	probation period	L1
收益	收益	shōuyì	*n.*	revenue	L9副
受骗	受騙	shòupiàn	*v.*	be cheated	L5
授权	授權	shòuquán	*v.*	authorize	L4
授予	授予	shòuyǔ	*v.*	award	L10副
属实	屬實	shǔshí	*v.*	turn out to be true	L1副
属于	屬于	shǔyú	*v.*	belong to	L3副
双赢	雙贏	shuāngyíng	*v.*	win-win	L4副
水土不服	水土不服	shuǐtǔ-bùfú	*idiom.*	not acclimatized	L10
思路	思路	sīlù	*n.*	ways of thinking	L2副
思想	思想	sīxiǎng	*n.*	thought	L10
俗话	俗話	súhuà	*n.*	proverb	L3
速记	速記	sùjì	*v.*	write down in shorthand	L1
素质	素質	sùzhì	*n.*	quality	L2
随身	隨身	suíshēn	*adj.*	(take) with one	L6副
损失	損失	sǔnshī	*n.*	loss	L4

T

谈判	談判	tánpàn	*v.*	negotiate	L3
特色	特色	tèsè	*n.*	unique feature	L5
特许	特許	tèxǔ	*v.*	franchise	L10副
提货	提貨	tíhuò	*v.*	pick up goods	L4
提醒	提醒	tíxǐng	*v.*	remind	L10
体积	體積	tǐjī	*n.*	volume	L6副
体系	體系	tǐxì	*n.*	system	L6
挑剔	挑剔	tiāoti	*v.*	nitpick	L9
调整	調整	tiáozhěng	*v.*	adjust	L9
挑战	挑戰	tiǎozhàn	*v.*	challenge	L1
通常	通常	tōngcháng	*adv.*	often	L8
同样	同樣	tóngyàng	*adj.*	same	L5副
统一	統一	tǒngyī	*adj.*	unified	L4
投保	投保	tóubǎo	*v.*	insure	L8
团队	團隊	tuánduì	*n.*	team	L1副
推荐信	推薦信	tuījiànxìn	*NP*	recommendation letter	L1
拓展	拓展	tuòzhǎn	*v.*	expand	L10副

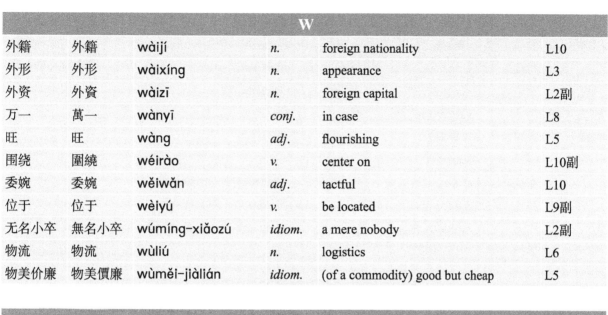

		W			
外籍	外籍	wàijí	*n.*	foreign nationality	L10
外形	外形	wàixíng	*n.*	appearance	L3
外资	外資	wàizī	*n.*	foreign capital	L2副
万一	萬一	wànyī	*conj.*	in case	L8
旺	旺	wàng	*adj.*	flourishing	L5
围绕	圍繞	wéirào	*v.*	center on	L10副
委婉	委婉	wěiwǎn	*adj.*	tactful	L10
位于	位于	wèiyú	*v.*	be located	L9副
无名小卒	無名小卒	wúmíng-xiǎozú	*idiom.*	a mere nobody	L2副
物流	物流	wùliú	*n.*	logistics	L6
物美价廉	物美價廉	wùměi-jiàlián	*idiom.*	(of a commodity) good but cheap	L5

		X			
吸引力	吸引力	xīyǐnlì	*n.*	attraction	L3
细分	細分	xìfēn	*v.*	subdivide	L6
系统	系統	xìtǒng	*n.*	system	L8副
细致	細緻	xìzhì	*adj.*	meticulous	L2副
吓	嚇	xià	*v.*	scare	L3副
下跌	下跌	xiàdiē	*v.*	fall	L7
闲置	閒置	xiánzhì	*v.*	leave unused	L4副
现款	現款	xiànkuǎn	*n.*	cash	L4
陷入	陷入	xiànrù	*v.*	fall into	L4副
现象	現象	xiànxiàng	*n.*	phenomenon	L7
现状	現狀	xiànzhuàng	*n.*	status quo	L1副
相当	相當	xiāngdāng	*v.*	correspond	L7副
相当于	相當于	xiāngdāngyú	*v.*	amount to	L7副
相对	相對	xiāngduì	*adj.*	relative	L7
响应	響應	xiǎngyìng	*v.*	respond	L3
向来	嚮來	xiànglái	*adv.*	all along	L8
销量	銷量	xiāoliàng	*n.*	sales volume	L4
销售	銷售	xiāoshòu	*v.*	sell	L2
销售额	銷售額	xiāoshòu'é	*n.*	value of sales	L4
携带	攜帶	xiédài	*v.*	carry	L6副
协调	協調	xiétiáo	*v.*	coordinate	L1
卸货	卸貨	xièhuò	*v.*	unload cargo	L8副
薪酬	薪酬	xīnchóu	*n.*	emolument	L1
新一代	新一代	xīnyīdài	*NP*	new generation	L6副

信用	信用	xìnyòng	*n.*	credit	L5副
形势	形勢	xíngshì	*n.*	situation	L2
行政	行政	xíngzhèng	*n.*	administration	L1
性格	性格	xìnggé	*n.*	character	L10
性能	性能	xìngnéng	*n.*	property	L3
宣布	宣布	xuānbù	*v.*	declare	L6
选拔	選拔	xuǎnbá	*v.*	select	L10
学历	學歷	xuélì	*n.*	education background	L2副
循环	循環	xúnhuán	*v.*	circulate	L7副
询问	詢問	xúnwèn	*v.*	ask about	L5
训练	訓練	xùnliàn	*v.*	train	L1

			Y		
亚裔	亞裔	yàyì	*n.*	Asian descendant	L9副
研发	研發	yánfā	*v.*	research and develop	L9
严格	嚴格	yángé	*adj.*	strict	L4副
样品	樣品	yàngpǐn	*n.*	sample	L3
业绩	業績	yèjì	*n.*	outstanding achievement	L7
依次	依次	yīcì	*adv.*	successively	L7副
一旦	一旦	yīdàn	*adv.*	in case	L7
一模一样	一模一樣	yīmú-yīyàng	*idiom.*	exactly the same	L5
一切险	一切險	yīqièxiǎn	*NP*	all-risk insurance	L8
一言为定	一言爲定	yīyánwéidìng	*idiom.*	a promise is a promise	L4
一致	一致	yīzhì	*adj.*	accordant	L8副
意想不到	意想不到	yìxiǎng bùdào	*VP*	unexpected	L2副
引述	引述	yǐnshù	*v.*	quote	L9副
印	印	yìn	*v.*	print	L8
赢得	贏得	yíngdé	*v.*	win	L4副
盈利	盈利	yínglì	*n.*	profit	L9
营业额	營業額	yíngyè'é	*n.*	turnover	L10副
应对	應對	yìngduì	*v.*	cope with	L1副
应聘	應聘	yìngpìn	*v.*	apply for an advertised post	L1
用量	用量	yòngliàng	*n.*	use level	L7副
用途	用途	yòngtú	*n.*	use	L3副
优厚	優厚	yōuhòu	*adj.*	favourable	L2副
优势	優勢	yōushì	*n.*	superiority	L2
邮政	郵政	yóuzhèng	*n.*	post	L6
预计	預計	yùjì	*v.*	estimate	L9副

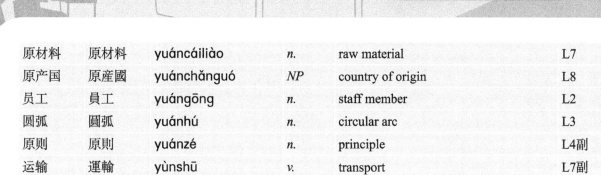

原材料	原材料	yuáncáiliào	*n.*	raw material	L7
原产国	原産國	yuánchǎnguó	*NP*	country of origin	L8
员工	員工	yuángōng	*n.*	staff member	L2
圆弧	圓弧	yuánhú	*n.*	circular arc	L3
原则	原則	yuánzé	*n.*	principle	L4副
运输	運輸	yùnshū	*v.*	transport	L7副
运作	運作	yùnzuò	*v.*	operate	L9

Z					
在座	在座	zàizuò	*v.*	be present	L9
造型	造型	zàoxíng	*n.*	modelling	L3
则	則	zé	*conj.*	however	L6副
增长	增長	zēngzhǎng	*v.*	grow	L9副
展开	展開	zhǎnkāi	*v.*	open up	L10副
占	占	zhàn	*v.*	take	L2
战略	戰略	zhànlüè	*n.*	strategy	L7
战术	戰術	zhànshù	*n.*	tactic	L9
账号	賬號	zhànghào	*n.*	account number	L5副
账期	賬期	zhàngqī	*n.*	account period	L4副
折扣	折扣	zhékòu	*n.*	discount	L4副
真货	真貨	zhēnhuò	*n.*	genuine article	L5副
蒸发	蒸發	zhēngfā	*v.*	evaporate	L7
争取	爭取	zhēngqǔ	*v.*	strive for	L2
政策	政策	zhèngcè	*n.*	policy	L9副
正常	正常	zhèngcháng	*adj.*	normal	L4副
正好	正好	zhènghǎo	*adv.*	just right	L4副
证明	證明	zhèngmíng	*v.*	prove	L2副
正式	正式	zhèngshì	*adj.*	formal	L6
职位	職位	zhíwèi	*n.*	position	L2
职业	職業	zhíyè	*n.*	occupation	L2
只好	祇好	zhǐhǎo	*adv.*	have no choice but to	L4副
指示	指示	zhǐshì	*n.*	instruction	L9副
制定	制定	zhìdìng	*v.*	formulate	L2副
至今	至今	zhìjīn	*adv.*	up till now	L10副
致力于	致力于	zhìlìyú	*VP*	devote to	L10副
制作	製作	zhìzuò	*v.*	make	L1副
中层	中層	zhōngcéng	*n.*	middle level	L9副
诸位	諸位	zhūwèi	*n.*	everyone; ladies and gentlemen	L9

逐个	逐個	zhúgè	*adv.*	one by one	L8副
逐渐	逐漸	zhújiàn	*adv.*	gradually	L6
主动	主動	zhǔdòng	*adj.*	active	L10
主管	主管	zhǔguǎn	*n.*	person in charge	L1副
专科	專科	zhuānkē	*n.*	junior college education	L2副
转让	轉讓	zhuǎnràng	*v.*	transfer the possession of	L10副
转运	轉運	zhuǎnyùn	*v.*	transship	L8副
追求	追求	zhuīqiú	*v.*	seek	L9
资金链	資金鏈	zījīnliàn	*NP*	capital chain	L7副
自如	自如	zìrú	*adj.*	with ease	L1
总部	總部	zǒngbù	*n.*	headquarters	L9副
总监	總監	zǒngjiān	*n.*	chief inspector	L2
足	足	zú	*adj.*	ample	L5
最佳	最佳	zuìjiā	*adj.*	the best	L5副

专有名词

简体	繁体	拼音	英文释义	所在课
A				
阿里巴巴	阿裏巴巴	Ālǐbābā	Alibaba	L6
爱立信	愛立信	Àilìxìn	Ericsson	L9
B				
B2B			Business-to-Business	L6
B2C			Business-to-Customer	L6
C				
C2C			Customer-to-Customer	L6
D				
当当网	當當網	Dāngdāng Wǎng	Dangdang	L6
J				
景德镇	景德鎮	Jǐngdézhèn	Jingdezhen	L8
N				
诺基亚	諾基亞	Nuòjīyà	Nokia	L9

		S		
上海通用汽车集团	上海通用汽車集團	Shànghǎi Tōngyòng Qìchē Jítuán	Shanghai GM	L7副

		W		
沃尔玛	沃爾瑪	Wò'ěrmǎ	Wal-Mart	L8副

		X		
携程网	攜程網	Xiéchéng Wǎng	CTRIP	L6

		Y		
移动通信网	移動通信網	Yídòng Tōngxìn Wǎng	MSCBSC	L6副
易趣网	易趣網	Yìqù Wǎng	Eachnet	L6

		Z		
支付宝	支付寶	Zhīfùbǎo	Alipay	L5副